The Psychology of School Bullying

いじめ加害者の心理学

学級でいじめが起こるメカニズムの研究

大西彩子 著 Ayako Onishi

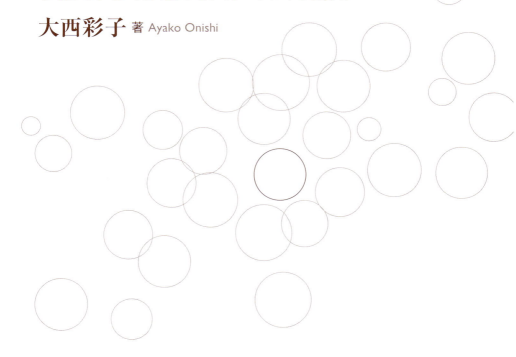

ナカニシヤ出版

はじめに

　この本は，いじめの研究に関心がある大学生や大学院生はもちろん，いじめの問題を抱えている学校関係者や保護者の方々にもぜひ読んでいただきたいと思って執筆しました。これまで筆者が行ってきた社会心理学的な研究を，国内外の関連する研究とともにご紹介することで，今後のいじめの研究や具体的ないじめ防止対策について考えていただきたいと思っています。

　これまでの研究を紹介する際には，具体的な事例を交えてわかりやすくするようにしています。また，心理学の専門用語についても，できるだけ丁寧に解説するように心がけました。ただし，研究の結果の部分では，統計的な分析に関する専門用語が出てきます。心理学の研究を進めていく上では，経験則や思い込みを排除するために，様々なデータを取って統計的な分析をすることが大切です。そのため，いじめの「研究」に関心がある方には，この部分についてもしっかりと読んでいただきたいと思いますが，いじめの「防止策」に興味がある方は，結果の部分の分かりにくいところは飛ばしていただいて，「考察」の部分をお読みいただければ，研究の内容はご理解いただけると思います。

　いじめは子どもを深く傷つけ，時に子どもの未来をも奪います。残念ながら，いじめのない社会を実現することは簡単ではありません。しかし，子どもたちが安心して学校へ通うことができるように，周囲の大人たちがいじめの予防に不断の努力を続けることは必要です。そのために，この本が何らかのヒントになり，少しでもお役に立つことができれば，非常にうれしく思います。

　なお，本書の出版に際して，伊藤忠兵衛基金出版助成金の交付を受けました。ナカニシヤ出版編集長宍倉由高氏には，本書を出版する機会を与えてくださったことに心より感謝申し上げます。また，編集部の山本あかね氏には丁寧な原稿のチェックとアドバイスをしていただき，おかげさまで読みやすい本になりました。厚くお礼申し上げます。

目　次

はじめに　i

序　　論 …………………………………………………… 1

本書の構成 ………………………………………………… 7

第 1 章　いじめと集団規範 ……………………………… 11
　　Ⅰ　いじめと集団規範との関連　11

第 2 章　学級のいじめに否定的な集団規範といじめ加害傾向 … 19
　　Ⅰ　本章の目的　19
　　Ⅱ　方　　法　20
　　Ⅲ　リターン・ポテンシャル・モデルによる学級規範の測定　22
　　Ⅳ　結　　果　24
　　Ⅴ　考　　察　29

第 3 章　学級のいじめに否定的な集団規範に影響を与える要因 … 33
　　Ⅰ　いじめの動機　33
　　Ⅱ　日常的な教師の指導態度といじめへの罪悪感の影響　34
　　Ⅲ　本章の目的　36
　　Ⅳ　方　　法　37
　　Ⅴ　結　　果　39
　　Ⅵ　考　　察　45

第 4 章　いじめの個人内生起メカニズム …… 49
　　　Ⅰ　直接的いじめと関係性いじめ　49
　　　Ⅱ　個人内のいじめ生起メカニズム　50
　　　Ⅲ　方　　法　53
　　　Ⅳ　結　　果　55
　　　Ⅴ　考　　察　61

第 5 章　仲間のいじめに対する集団規範に影響を与える要因 …… 65
　　　Ⅰ　いじめと仲間集団の規範　65
　　　Ⅱ　仲間集団の規範に影響を与える要因　65
　　　Ⅲ　方　　法　68
　　　Ⅳ　結　　果　69
　　　Ⅴ　考　　察　75

第 6 章　総括的検討 …… 79
　　　Ⅰ　研究成果の概要と今後の課題　79
　　　Ⅱ　集団規範によるいじめ防止モデル　85
　　　Ⅲ　集団規範によっていじめを防止する利点について　92

引用文献　95
あとがき　103
資料 1　学級規範の項目例―リターン・ポテンシャル用―　105
資料 2　いじめ加害傾向の項目例　106
索　　引　107

序　論

1．いじめとは何か

　いじめについて研究をする時には，まず，いじめとは何かということについて考える必要がある。いじめの定義を明確にすることで，その他の攻撃行動（ケンカや非行など）といじめを分けて捉えることができる。全てのいじめは攻撃行動であるといえるが，全ての攻撃行動がいじめではない。たとえば，国内のいじめ研究の先駆者である森田・清永（1986）は，いじめを「同一集団内の相互作用過程において優位に立つ一方が，意識的にあるいは集合的に他方に対して精神的・身体的苦痛を加える行為」と定義している。平成25年に公布されたいじめ防止対策推進法では，いじめは「児童生徒に対して，当該児童生徒が在籍する学校[1]に在籍している等当該児童と一定の人間関係にある他の児童生徒が行う心理的又は物理的な影響を与える行為（インターネットを通じて行われるものを含む）であって，当該行為の対象となった児童生徒が心身の苦痛を感じているもの」と定義されている。いじめ防止対策基本法では，近年問題となっているインターネットを用いたネットいじめ（Smith & Steffgen, 2014；内海，2010）について明記されている点が新しいが，これらの定義に共通するものは何だろうか。いじめの心理学的研究には多くの場合に，森田・清永（1986）やいじめ防止対策推進法の定義にも認められる以下の4つの共通点がある。なお，本書では，森田・清永（1986）の定義に準じていじめという概念を取り扱っている。

1　小学校，中学校，高等学校，中等教育学校および特別支援学校（幼稚部を除く）。

①**身体的，社会的な力関係の強弱があること**

　加害者が被害者よりも身体が大きかったり，力が強かったりするという身体的な力関係と，加害者が被害者よりも集団内での地位が高かったり，人気や影響力があったりするという社会的な力関係の2種類の力関係の強弱が想定されている。そのため，被害者は加害者の攻撃から自分の身を守ることが難しい状況にあるといえる。

②**攻撃が一方的に加えられていること**

　加害者は被害者を攻撃しているが，被害者から加害者への攻撃は行われていない状態が想定されている。すなわち，両者の双方向的な攻撃行動がみられる場合はいじめに該当しない。

③**攻撃行動が継続していること**

　加害者の被害者への攻撃行動がある程度の期間，継続していることが想定されている。

④**身体的・精神的危害を加えられたと感じる被害者が存在すること**

　加害者の攻撃によって，被害者が身体に痛みを感じたり，負傷したりするといった身体的な被害がある状況。もしくは，加害者の攻撃によって，心が傷ついたり，不安になったり，恐怖を感じたといった精神的な被害がある状況が想定されている。

　文部科学省の2013（平成25）年度の調査では，いじめの認知件数は小学校が118,805件，中学校が55,248件，高等学校が11,039件，特別支援学校が768件の計185,860件であった。これは2011（平成23）年度の約2.6倍の件数となるが，2011年に滋賀県大津市で男子中学生のいじめによる自殺事件が発生し，学校のいじめ対応のあり方についての社会的関心が高まったことを受けて，各学校でいじめに関する調査が活発に行われたためであると考えられる。なお，いじめの認知件数は小学校高学年生から除々に増え始め，中学校1年生で最も高くなり，高等学校生になると減少するという一定の傾向が認められる。文部科学省の調査結果は教師からの報告に基づいて作成されたものであり，教師が認知していないいじめは含まれていない。いじめの被害を教師に訴える児童・生徒は被害者全体の約4分の1であるという調査結果を踏まえると（森田・滝・秦・

星野・若井，1999)，実際のいじめの生起数は文部科学省の発表よりも多いことが予測される。また，男女で経験頻度は異なるが，中学生で「仲間はずれ・無視・悪口」「いやがらせやいたずら」「たたかれたりけられたり」といったいじめ被害を週に1回以上経験している生徒は，全体の1割程度も存在しているという報告もある（岡安・高山，2000)。いじめ防止対策推進法では，その基本理念として「いじめの防止等のための対策は，いじめが全ての児童・生徒に関係する問題であることに鑑み，児童等が安心して学習その他の活動に取り組むことができるよう，学校の内外を問わずいじめが行われないように対策を行うこと」を学校現場に求めている。上記のようないじめの実態に鑑みると，もはやいじめは稀に起こる事象ではなく，日常的に発生するものであると捉え，問題のある児童・生徒に対して特別な措置を取るだけでなく，普段の学校生活で予防する方法を考えていく必要がある。

2．いじめによる被害

いじめが原因とみられる小中学生の自殺が，マスコミによって頻繁に取り上げられるようになったのは1990年代である。それに応じて心理学や教育学，社会学，精神医学などの幅広い領域でいじめの研究が行われるようになった。特に，1994年に起きた愛知県西尾市の中学校2年生の男子生徒（当時13歳）の自殺事件は，同級生からの合計112万円に上る恐喝や，川の中に顔を押し込めて溺れさせるなどの残酷ないじめの実態が遺書によって書き残されていたため，大きな衝撃を社会に与えた。しかし，その後もいじめによる小中学生の自殺は後を絶たない。2006年には，福岡県で中学校2年生の男子生徒（当時13歳）が，数人の生徒から学校のトイレで手足を押さえつけられ，服を脱がされるといういじめを受けた後で「いじめられてもう生きて行けない」と書いた遺書を残して自殺した。この事件では，複数のクラスメイトが中学1年生の頃から男子生徒がからかいや冷やかしを受けていたことをいじめであると認識しており，いじめの長期化により精神的苦痛が蓄積したことが自殺の主な原因であると指摘されている。最近では，2011年に滋賀県大津市で中学2年生の男子生徒の自殺事件が発生した。事件後に学校が行った全校生徒へのアンケートでは，男子生徒が自殺の練習をさせられていたり，トイレで毎日のように殴る蹴るの暴行を

受けたりしていたことが明らかになった。この事件では、いじめに対する学校や市教委の対応の悪さが社会問題化し、2013年のいじめ防止対策推進法の制定につながった。

このようにいじめは、被害者の自殺という形で時に児童・生徒の命を奪うことが問題になっているが、その他にも精神病、心身症、不登校、自信喪失など心身の発達に様々な悪影響を与えることが報告されている（坂西、1995；Beane, 1998；Rigby, 1998；立花、1990）。いじめ被害者をこうした危機から守るためにも、学校現場ではいじめ防止対策に力を入れる必要がある。

3．いじめ研究の問題点

これまでにも、いじめについての様々な研究が行われてきた（神村・向井、1998；小林・三輪、2013）。しかし、未だに文部科学省は、実証的見地に基づいたいじめの防止対策を打ち出せていない。その背景には、いじめの防止に効果的な知見を提供することを目的とした研究の乏しさがある。

現存のいじめ研究は、教師やスクール・カウンセラーなどの経験に基づく事例研究が多くを占めており、定量的な裏付けに弱い部分がある。また、実証的研究も、いじめが児童・生徒に与える心理的影響を検討したものと、いじめの加害者と被害者の性格特性を研究したものが中心になっている。むろん、事例研究やいじめ被害者の心理的影響の研究から得られた知見は、いじめられ経験に苦しむ児童・生徒のカウンセリングや、いじめ加害者の生徒指導をする際に参考にすべき重要な情報である。しかし、そこにあるのはいじめ生起後のアフターケアという観点であるため、いじめを予防するための方策には結びつきにくい。

性格特性に関する研究では、いじめ加害者は「不機嫌・怒り」や「無気力」のレベルが高く、「先生との関係」が良好でないことや（岡安・高山、2000）、恨みや猜疑心といった他者への敵意的攻撃性を抱きやすいこと（朝倉、2004）、学校生活での友人関係は良好であるが、学校生活での規則への適応は悪く、いじめ加害願望が強いことなどが明らかにされている（本間、2003）。そして、いじめ被害者の性格特性の研究では、いじめ被害者は学業に関するストレッサーの経験頻度が高く、それを嫌悪的に感じていることや（岡安・高山、

2000），特に無視や仲間はずれなどの関係性いじめの被害を受けた児童・生徒は，抑うつ・不安傾向が高いこと（Crick & Grotpeter, 1996；岡安・高山，2000），異質者に対する態度や，向社会的行動場面および反社会的行動場面への同調傾性が，他の生徒（いじめ加害者や観衆，傍観者，仲裁者，無関係者）とは異なっていること（竹村・高木，1988）などが明らかにされている。そして，これらの研究結果を基に，社会的スキルや問題解決能力の向上，怒りのコントロールなど，個人特性の改善を目指したプログラムが数多く開発され，いじめ防止対策の一環として個々の学校の判断によってで実施されている（松尾，2002）。

　しかし，学校現場で児童・生徒の性格特性を対象としたいじめ防止対策を講じるには，いくつかの問題がある。第一に，性格特性の変容には多くの時間を必要とする。特にいじめが顕著にみられる中学生は青年前期にあたり，他の大人から情緒的に独立し，同世代に強い影響を受ける時期である（森田ら，1999；落合・佐藤，1996）。そのため，教師の指導で生徒の個人特性を変容させることは難しく，結果が教師の力量や生徒との信頼関係の有無に左右されがちである。第二に，加害傾向や被害傾向の強い個人特性だけを理由に，当該生徒にいじめ防止対策としての特別な介入を行うことは倫理的な問題を含む。したがって，対策はいじめ生起後の対症療法となり予防ではなくなるか，もしくは全児童・生徒を対象に一斉に行うことになり，人数が多いために参加意欲の低い者が放置されたり，個々の理解度や進行具合に合わせることが難しくなり，対策の効果が限定的になったりしてしまう。小林・三輪（2013）でも，予防研究において重要なのは加害者や被害者の特性の明確化ではなく，なぜその特性が形成されたのか，それを変容するための方法はあるのかということであり，性格傾向の形成にまで話が及ぶとなると学校での具体的な対応策が困難になるということが指摘されている。このようにいじめの予防に関する先行研究の多くが，加害者・被害者の個人特性・性格特性に主に焦点をあてていることが，いじめ研究といじめの予防対策との間に隔たりを作る一因となっている可能性がある。また，第1章で詳しく説明するが，これらの先行研究では児童・生徒を取りまく環境要因が考慮されていないことも大きな問題である。

本書の構成

第1章：いじめと集団規範

　第1章では，先行研究を概観した上で，いじめといじめに否定的な集団規範との関連を検討するには，学級の集団規範，仲間の集団規範，個人の規範意識の3つの規範に注目する必要があることを論じた。また，それぞれの規範の形成に影響を与える要因にも着目することで，学級集団，仲間集団，個人の各レベルで先行要因→集団規範→いじめ加害傾向の順の因果関係を検討し，「集団規範によるいじめ防止モデル」を提案するという本書の目的について説明した。

第2章：学級のいじめに否定的な集団規範といじめ加害傾向

　第2章では，いじめに否定的な学級の集団規範と，そこに所属する生徒のいじめ加害傾向との関連を検討した。いじめに否定的な学級の集団規範の測定は，リターン・ポテンシャル・モデルという集団規範と，その構造特性を測る手法を用いた。

　中学校14学級を対象に質問紙調査を実施した結果から，①生徒のいじめ加害傾向が低い学級では生徒のいじめ加害傾向が高い学級よりも，いじめに否定的な学級規範が存在すること，②生徒のいじめ加害傾向が低い学級では生徒のいじめ加害傾向が高い学級よりも，学級規範の強度（集団圧力）が高いことを明らかにした。

第3章：学級のいじめに否定的な集団規範に影響を与える要因

　第3章では，いじめに否定的な学級の集団規範の形成に影響を及ぼす先行要因として，日常的な教師の指導態度に関する児童・生徒の認知に着目した検討を行った。また，日常的な教師の指導態度の認知といじめに否定的な学級の集

団規範を媒介する変数として，児童・生徒のいじめへの罪悪感を取り上げ，その影響についても検討した。

　小学校高学年生と中学生を対象に質問紙調査を行った結果から，①いじめに否定的な学級の集団規範といじめへの罪悪感は，いじめ加害傾向を抑制すること，②担任教師の受容的で親近感があり，自信のある客観的な指導態度は，いじめに否定的な学級の集団規範と児童・生徒のいじめへの罪悪感を高めること，③いじめに否定的な学級の集団規範は，いじめへの罪悪感を高めること，④不適切な権力の行使を用いた教師の指導態度は，児童・生徒のいじめ加害傾向を促進することを明らかにした。

第4章：いじめの個人内生起メカニズム

　第4章では，個人内のいじめ生起メカニズムとして，個人のいじめに否定的な規範意識といじめ加害傾向との関連とそれらの背景要因について検討した。具体的には「発達過程で身につけたある傾向（自己愛傾向）をもつ個人が，いじめを誘発するような対人刺激に反応し，その刺激を解釈，吟味（認知的共感性）することで生じた個人内の結果（情動的共感性）に，周囲の状況（いじめに否定的な仲間規範意識および学級規範意識）を判断材料として加えることで，いじめ行動が取捨選択される（関係性いじめ加害傾向・直接的いじめ加害傾向）」と仮定した。

　中学生を対象とした質問紙調査を実施し，上記の因果モデルを検証した結果，①関係性いじめに否定的な仲間規範意識は，関係性いじめ加害傾向を抑制すること，②直接的いじめに否定的な学級規範意識は，直接的いじめ加害傾向を抑制すること，③認知的共感性が低い生徒は，直接的いじめ加害傾向が高いこと，④誇大的自己愛傾向が高い生徒は，関係性いじめに否定的な仲間の集団規範と直接的いじめに否定的な学級の集団規範を低く判断する傾向があること，⑤情動的共感性が低い生徒は，関係性いじめに否定的な仲間の集団規範と直接的いじめに否定的な学級の集団規範を低く判断する傾向があることを明らかにした。

第5章：仲間のいじめに対する集団規範に影響を与える要因

　第5章では，いじめに対する仲間の集団規範の形成に影響を及ぼす要因につ

いて検討した。仲間集団に所属する成員の「対人的な信念から形成された態度」が，いじめに対する仲間の集団規範に影響を及ぼすと仮定し，対人的な信念として学級享受感と裏切られ不安を，態度として仲間集団の排他性を取り上げ，男女別に検討した。

中学生を対象に質問紙調査を実施した結果から，①男女共に排他性が高い仲間集団ほど，仲間のいじめを制止する行為を快く思わない仲間規範が存在すること，②男女共に学級享受感が高い生徒が所属する仲間集団ほど，いじめに否定的な仲間規範が存在すること，③男子では裏切られ不安が高い生徒が所属する仲間集団ほど，女子では学級享受感が低い生徒が所属する仲間集団ほど，仲間のいじめを制止する行為を快く思わない仲間規範が存在することを明らかにした。

第6章：総括的検討

第6章では，学級集団，仲間集団，個人のそれぞれのレベルで先行要因→集団規範→いじめ加害傾向の順に検討した研究の結果を統合し，「集団規範によるいじめ防止モデル」について考察した。最後に，集団規範を用いたいじめ防止対策とその利点について論じ，具体的ないじめの防止方法を提案した。

第1章　いじめと集団規範

Ⅰ　いじめと集団規範との関連

1．いじめの集団要因

　いじめ加害者の性格特性について検討した研究は，そのほとんどが「いじめの加害者は，加害者が身につけているある要因によって，自己のコントロールが働かないためにいじめを行ってしまう」という受動的な加害者観が基盤になっている。

　しかし，少年非行に関する研究では，従来の受動的な非行少年観に対して，能動的な非行少年観というものが提唱され，注目を集めている（加藤，2003；國吉，1997；西村，1991）。能動的な非行少年観に基づく生徒の問題行動とは，「生徒が独自のやり方で環境を知覚し，解釈し，反応した結果，自らの目標達成に最適な行動を選択したことで生起する」と捉えられる（表1）。なお，受動的な非行少年と能動的な非行少年という2つの観点はどちらも重要であり，非行少年像の両面であるといえる（國吉，1997）。

　加藤（2003）は，生徒集団の評価と問題行動との関連を検討し，荒れている学校ではまじめな少年が否定的に捉えられ，非行少年が肯定的に捉えられる学校文化が存在することを明らかにしている。すなわち，荒れている学校では，まじめな行動を選択するよりも非行行動を選択するほうが児童・生徒にとってはベネフィットが高く，適応的な判断であるともいえる。これらの非行研究は，いじめ加害者を理解する上でも，有効な示唆を与えるものである。

　いじめ研究では，近年，そのグループ・プロセスが注目されており，いじめ加害者の周囲の生徒がいじめ行動に重要な役割を果たすことが明らかにされて

表1　受動的な非行少年と能動的な非行少年 (國吉, 1997)

	受動的な非行少年	能動的な非行少年
【非行原因の見方】	非行の原因は，その個人のコントロールできないところにある	その個人独自のやり方で，環境を知覚し，解釈し，反応した結果が「非行」である
【非行の説明】	・社会解体論 ・非行文化感染 ・貧困→非行 ・幼児期における家庭での人格形成上の問題 ・愛情欲求不満　等	・刺激の追求としての非行 ・合理的選択としての非行 ・「自尊」の追求としての非行 ・自己呈示行動としての非行　等

いる（Atlas & Pepler, 1998；Gini, 2006；森田・清永, 1986；Salmivalli, Lagerspetz, Björkqvist, Österman, & Kaukiainen, 1996）。たとえば，森田・清永（1986）は，学級集団といじめとの関係に着目し，いじめの生起には加害者，被害者の二者関係ではなく，いじめをはやしたてる観衆者の立場に立つ者，見て見ぬふりをする傍観者の立場に立つ者が存在することを明らかにし，傍観者の数が多くなると，いじめが活性化する危険性が高くなることを指摘している。すなわち，いじめ加害者はいじめを行う時に周囲の児童・生徒がいじめ行動に与えている，もしくは今後与えるであろう評価について考え，自分のいじめ行動を継続するか否かを決定するための判断基準にしている可能性がある。

2．いじめに否定的な集団規範

集団内で形成される行動の判断基準とは，社会心理学の分野で集団規範という概念によって説明されるものである。集団規範は「集団成員の相互作用が進むとその所産として形成されるもので，繰り返し生起する一範疇の事態において，集団の全メンバーに共通に妥当すると認知されている特定の行動型に同調するよう，集団メンバーに作用する社会的圧力の合成されたもの」（佐々木, 1963）と定義される。学級において集団成員とは，そのクラスに所属する児童・生徒たちである。学級生活のなかで児童・生徒は日常の様々な出来事をクラスメイトと共に繰り返し経験する。そのうちに，こういう時にはこうするのが良いが，こうするのはマズイというようなその学級独特の基準が暗黙の了解とし

て形成され，クラス全体で共有されるようになる。この明文化されていない基準が学級の集団規範である。たとえば，掃除の時間が繰り返されるうちに「掃除の時間に窓を拭きながら雑談するぐらいは良いが，話に夢中になって窓を拭かずに立っているのは（周囲から反感をもたれるので）良くない」というような窓拭き行動に関する基準が学級全体で共有されるとする。この学級の場合，掃除の時間に雑談をしながら窓を拭いている児童・生徒がいても集団規範を守っているため，特に問題にはならない。しかし，話に夢中になって窓を拭かずに立っている児童・生徒がいた時には，他のクラスメイトたちによって，その児童・生徒が集団規範の基準に従った行動をするように集団圧力（冷たい目で見る，「サボるなよ」と注意する，舌打ちをするなど）が加えられる可能性がある。日本の小学校や中学校，高等学校は学級を構成するメンバーが1年間変化せず，学校生活とは学級生活であるといえるぐらいにクラスメイトと共に過ごす時間が長い。そんな日本の児童・生徒にとって，クラスメイトからネガティブな評価を受けたまま，学校生活を送るということはとても辛いことであろう。したがって，児童・生徒にとってクラスメイトの自分への評価は大きな影響力をもつことが予測される。

1) 同調行動と集団規範

集団規範から逸脱した時に生じる他メンバーからの社会的圧力と，それによって引き起こされる同調行動については，Asch（1951）の古典的研究以後，社会心理学の分野で様々な研究がなされている。いじめの定義によると，いじめ加害者は被害者よりも社会的に強いことが想定されているため複数の人間であることが多い。そして，複数の人間がいじめを行う背景には仲間との同調行動がある（竹村・高木，1988）。仲間に対する同調行動は，小学校高学年生から中学生で最も高くなることが明らかになっており（Berndt, 1979），いじめの認知件数が増加する小学校高学年生から中学生にかけてという年齢は，集団規範が最も児童・生徒の行動に影響を及ぼす時期であると考えられる。

児童・生徒は，自分の周囲にいじめを容認する集団規範がある場合に，戦略的には，仲間の肯定的な評価を得るために，防衛的には，仲間からはみ出したり，嫌われたりしないようにクラスメイトをいじめることを選択するのだと考

2) IPSモデルと集団規範

内藤（2001）は，Durkheim（1895）の物性論的側面を参考に，心理過程と社会過程とが形成を誘導し合う螺旋的なループとして，IPS（Intrapsychic Interpersonal Spiral）モデルを提唱している。図1は，学級場面に合致するように内藤（2001）のモデルに説明を追記したものである。IPSは次の①～③の働きから構成される（内藤，2001）。

①Intrapsychic（心理的）な過程に導かれて，行為やコミュニケーションが生じる。

②この行為やコミュニケーションがInterpersonal（対人関係的）な過程で連鎖集積されて，小規模社会空間が秩序化されつつ生成する。

③さらにその秩序化された社会空間が成立平面となって，Intrapsychic（心

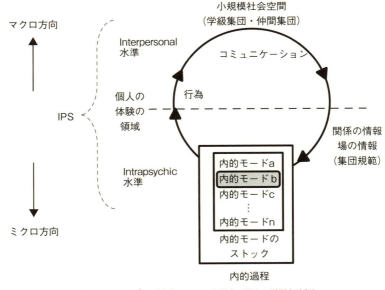

図1　IPSモデル（内藤，2001に本研究に関する説明を追記）

理的）な過程が導かれる。

　IPSモデルを用いて集団規範を説明すると，児童・生徒のIntrapsychicな過程に導かれた行為やコミュニケーションがInterpersonalな過程で連鎖集積するなかで，学級集団や仲間集団といった小規模社会空間が秩序化され，いじめに対する集団規範が生成される。そして，それがいじめを否定する集団規範であるか，いじめを容認する集団規範であるかが，場の情報として，児童・生徒の内的過程に影響を及ぼし，いじめ行為を行うか否かの選択に反映されると考えられる。

3）社会的情報処理モデルと集団規範

　社会的情報処理モデル（Crick & Dodge, 1994：Dodge, 1986）では，先述したIPSモデルの内的過程にあたる部分がより詳細に，以下の6段階のステップによって説明されている。

①符号化過程
　社会的場面で，重要な社会的手掛かりに注目し，意図的あるいは自動的にそれを知覚する。
②解釈過程
　知覚された社会的手掛かりを，独自の解釈ルールの適用により解釈する。
③目標設定
　解釈した結果を受けて，目前の対人状況にどのように反応するべきかを明確にする。
④反応検索過程
　可能な応答的レパートリーを長期記憶のなかから検索する。
⑤反応評価過程
　行動の有効性を評価し，最も適した応答的行動が決定される。
⑥実　　行
　決定された行動が，言語や動作に変換される。

社会的情報処理モデルにおいて，学級のいじめに対する集団規範は，①の符号化過程で社会的手掛かりとして知覚され，②の解釈過程でその様態が解釈され，③の目標設定の判断に重要な影響を与えることで，④，⑤，⑥の行動の選出過程および実行過程にも影響を与えていると考えられる。したがって，①の符号化過程で知覚された学級のいじめに対する集団規範を，②の解釈過程で児童・生徒が「この学級にはいじめに否定的な集団規範が存在している」と解釈すれば，その児童・生徒は自らの行動レパートリーのなかからいじめ以外の行動を選択しようとするため，いじめ行動が実行される可能性は低くなるが，②の解釈過程で児童・生徒が，「この学級にはいじめに許容的な集団規範がある」と解釈すれば，いじめ行為が選択され，いじめ行動が実行される可能性が高くなると考えられる。

3．集団規範によるいじめ防止モデル

いじめに対する集団規範をいじめ防止対策として用いることが可能ならば，学級の集団規範をいじめに否定的なものに保つ工夫をすることでいじめを未然に防ぐことができる。また，この方法ならば学級の担任教師がいじめの加害や被害のリスクが高い児童・生徒を認識できていない状態でも実施することが可能である。しかし，いじめと集団規範との関係を研究した実証的論文は少なく，これらは論証の域を出ない。そこで，本書では初めに筆者がいじめに対する集団規範と，児童・生徒のいじめ加害傾向との関連について研究した論文について紹介する。

なお，集団規範をいじめの防止対策として用いるならば，学級の集団規範を対象とするだけでは不十分であろう。たとえば，無視や仲間はずれなどの関係性いじめは，友人関係を操作することが攻撃の手段となるいじめであり，親密な仲間集団内で発生しやすい。このタイプのいじめは，なぐる・けるというような明確な攻撃行動を伴わないため学級集団への顕現性が低く，仲間集団外の児童・生徒は関与していないことが多い。そのため，関係性いじめの場合は，学級の集団規範よりも，仲間の集団規範がいじめ行動と強く関連することが予測される。さらに，集団規範の認識能力や解釈能力が低い児童・生徒の場合は，たとえ学級の集団規範や仲間の集団規範がいじめに否定的な状態を保っていて

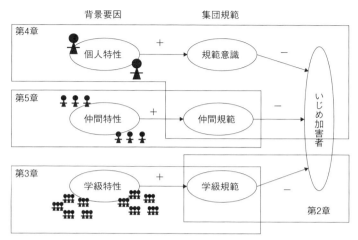

図2　集団規範によるいじめ防止モデル案と本書の対応

も，その集団規範を適切に捉えていない可能性がある。そこで本書では，学級集団の規範，仲間集団の規範，個人の規範意識に着目して，いじめに対する集団規範と児童・生徒のいじめ加害傾向との関連について検討する。また，その際，集団規範の形成に影響を与える背景要因にも着目し，背景要因→いじめに対する集団規範→いじめ加害傾向の因果関係に沿った検討を行うことで，「集団規範によるいじめ防止モデル」を提案する（図2）。いじめの防止に効果的な集団規範の形成を促す要因を特定することは，得られた知見を教育現場で活用する上で重要となる。

第2章　学級のいじめに否定的な集団規範といじめ加害傾向

I　本章の目的

　加藤（2003）は学校文化に注目し，非行に対する生徒の評価が非行の多い学校と少ない学校では異なることを示している。しかし，いじめは非行とは異なり，ある一定の学校だけが顕著にみられるという問題ではない（Smith & Brain, 2000）。したがって，いじめについては，各学校の特色よりも各学級の特色との関連が大きいと考えられる。本章では，まず学級単位で集団規範といじめ加害傾向との関連を検討するために学校間にいじめ加害傾向の差がないことを確認する。

　次に，いじめ否定学級規範と生徒のいじめ加害傾向との関連について検討し，最もいじめ加害傾向と関連の強い集団規範の指標を特定することを目的とする。中学校の学級は，所属成員が一年間は変動せず，朝から夕方まで過剰接触ともいえる状態で日々の学校生活を過ごす場である（森田・清永，1986；内藤，2001）。このように閉塞的な場で適応的な生活を送るためには，良好な人間関係を保つことが重要となる（古市，1991；古市・玉木，1994；大久保，2005）。したがって，生徒は自分の欲求や意思を通すことよりもクラスメイトの不評を招く行動の回避を優先させる傾向があると考えられる。つまり，集団規範の指標のなかでも他生徒の評価の強さを示す指標である強度（生徒間圧力）が最も生徒のいじめ加害傾向と関連し，是―否認差は否定的なほうがいじめ加害傾向を抑制することが予測される。

　なお，結晶度（生徒間一致度）は高く，学級成員間で意見が一致しているほど個々の生徒への影響力が強いことが先行研究により明らかになっている（三

沢・山口，2003)。すなわち，強度（生徒間圧力）の高い学級では，結晶度（生徒間一致度）はいじめを抑制する効果が期待できるが，強度（生徒間圧力）の低い学級規範では結晶度（生徒間一致度）の高さがいじめを促進する方向で生徒に影響を与える可能性がある。むろん，Moscovici & Personnaz（1980）が示すように，少数の生徒が一貫した行動を取り続けることで多数者に影響を与えるプロセスも想定できるが，少数者の一貫した行動にもかかわらず，多数者は少数者の行動に一定限度しか同調せず，その行動の内面化は行われないという研究結果もあり（Yoshiyama, 1991），現実場面で少数派の生徒にいじめ防止効果を期待するのは難しい。

なお，いじめという概念は広く，生徒によって想起する範囲が異なる可能性があるため，本章では日本の中学校で生起する頻度が高い「なぐったり，けったりする」という身体的いじめと，「悪口を言ったり，聞いたりする」という言語的いじめ（森田ら，1999）に焦点をあてて検討する。

Ⅱ　方　法

1．調査対象と調査時期

比較的自然に恵まれた場所にある公立A中学校1学級，街中に位置し，進学校として有名な公立B中学校5学級，同じく，街中に位置し，進学校として有名な公立C中学校3学級および私立女子D中学校5学級の計14学級で調査を行った。調査協力者の総計は526名（有効回答数490名）であった。学年の内訳は，中学1年生が11学級，中学2年生が3学級であった。調査は，2004年10月下旬から12月上旬に筆者の作成したマニュアルに沿って，各学級の担任教師により授業時間等を利用して実施された。マニュアルには，倫理的配慮と社会的望ましさによる測定誤差を抑止するため，無記名回収であること，回答中の机間巡視を行わないこと，答えたくない質問には答えなくてよいことを担任教師より生徒へ告知するように記載した。

2．調査内容
1）いじめに否定的な学級規範の測定

　言語的いじめとして「悪口を言ったり，聞いたりする」行為と，身体的いじめとして「なぐったり，けったりする」行為が，学級内で特定の生徒に対して継続的に続く状況を学級のいじめ場面として設定した。

　集団規範の測定は，佐々木（1963，2000）によるRPM（次節参照）の質問形式を改変して用いた。質問は，いじめの手口ごとに「友達が毎日のように誰かに××[1]している」という状況設定を設け，「あなたがその友達にたいして，AからEの行動をとったとしたら，クラスの多くのひとは，どのように思うでしょうか」と尋ね，「A．まったく，一緒に××しようとしなかったら（参加率０％）」から「E．いつも，一緒に××をしようとするなら」（参加率100％）までの５通りの参加率に対し，評価次元として「すごくまずいと思うだろう」（１点）から「すごく好ましいと思うだろう」（５点）までの５段階評定で回答を求めた（巻末資料１）[2]。

　集計方法は回答の評定値「１～５」を「－２～＋２」に変換し，個々の生徒のいじめ否定学級規範認知得点とした。次に行動次元ごとにいじめ否定学級規範として平均値を算出した。この平均値を基にRPMを作成し，いじめ否定学級規範の構造特性の指標を算出した。

2）私的見解の測定

　いじめに否定的な学級規範尺度と同じRPMの質問形式で「クラスのある人がその友達にたいして，AからEの行動をとったとしたら，あなたは，どのように思いますか」と自分の見解について尋ねた。この私的見解得点を基に，いじめ否定学級規範の構造特性である「虚構性（個人的不満度）」の指標を算出した。

　1　「××」には「悪口を言ったり，聞いたりする」「なぐったり，けったりする」の各手口がはいる。
　2　本調査では，いじめを起こすことではなく，いじめに参加することをいじめ行動として測定している。これは，児童・生徒に自身が第一の加害者であるという印象を与えないことで，回答の天井効果や床効果を防ぐためである。

3）いじめ加害傾向の測定

「友達が誰かに××している時」という状況設定を設け，「あなたは，どの行動をとるでしょうか（「とるべきだ」とか「とりたい」とかいうことではなく，この場合の状況から考えて，あなたが最もとりそうな行動を選んでください。）」と尋ねた。回答は「まったく一緒に××しない」（1点）から「いつも一緒に××する」（5点）までの5段階評定で求めた。

いじめ加害傾向得点の数値が高い生徒ほど，学級のいじめ生起場面にその生徒がいじめへの参加行動を選択しやすいといえる。次に学級別のいじめ加害傾向得点として平均値を算出した。学級のいじめ加害傾向得点の平均値が高くなるほど，いじめ生起場面で，いじめへの参加行動を選択する生徒が多い学級といえる。

Ⅲ リターン・ポテンシャル・モデルによる学級規範の測定

集団規範とは，ある行動のみを許容し，それ以外の行動は全て否定するというような性質のものではない。いじめに否定的な学級規範（以下，いじめ否定学級規範と略記）も同様に，生徒にとって理想的な行動パターンから許容可能な行動パターンまで，ある幅をもって存在しており，生徒はいじめ否定学級規範が許容する範囲のなかで，柔軟に行動を調節しながら学校生活を送っていると考えられる。したがって，集団規範について詳細に検討するためには，人が最も適切とみなす行動のみを集団規範として測定するだけでは不十分である（佐々木，1998）。本章では，いじめ否定学級規範が生徒の加害傾向に及ぼす影響を明らかにするにあたり，集団規範の構造を多面的に検討することが可能なリターン・ポテンシャル・モデルの手法を採用する。

リターン・ポテンシャル・モデル（以下，RPMと略記）は，Jackson（1960，1965）が提唱し，佐々木（1963，2000）が拡充した集団規範の測定法である。グラフの横軸に行動次元を，縦軸に評価次元をとり，行動次元上の各点に対応する行動に集団が与える評価をグラフ上にプロットし，それをつないだ曲線から成員のある行動に対して集団がもつ集団規範の構造特性を表す。図3は横軸が複数回のいじめの機会があった時に自分がどの程度いじめに参加するか（以

下,参加率),縦軸が各参加率に対する学級集団の評価になっている(資料１の質問形式も参照)。以下に,佐々木(2000)を参考に,本章で検討するいじめ否定学級規範の構造特性の指標について説明する。

①最大リターンの点
図３のAにあたり,学級集団の評価次元の平均値(以下,$M：-2 \leq M \leq 2$)の値が最大である参加率を指している(図３の場合は,参加率０％)。つまり,その学級で最も評価される行動を示す指標である。

②許容範囲
図３のBにあたり,学級内で否定的評価を受けない行動の範囲を示す。$M \geq 0$の値である参加率を指している。

③強度(生徒間圧力)
学級集団からの圧力を示す。この値が大きいほど,いじめ否定学級規範への同調を是認し,逸脱を否認する程度が大きい。各参加率におけるMの絶対値を合計して算出する($\Sigma|M|$)。なお,個々の生徒の各参加率に対する評価の絶対値を合計したものを個人の強度認知得点とした。

④結晶度(生徒間一致度)
いじめ否定学級規範に対して生徒がどの程度共通の認識をもっているかを示す指標である。各参加率における評定値の分散を合計して算出し,値が小さい

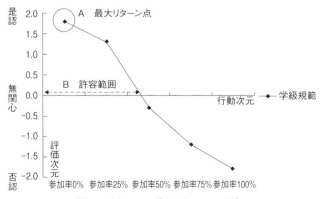

図３　リターン・ポテンシャル・モデル

ほど結晶度（生徒間一致度）は高いといえる。

⑤虚構性（個人的不満度）

いじめ否定学級規範と私的見解とのズレを示す指標である。値が大きいほど，いじめ否定学級規範に対する生徒の心からの支持は少ない。$\Sigma|Mc-Mi|$として算出される（Mc：各参加率ごとの集団規範の評価の平均値，Mi：各参加率ごとの私的見解の評価の平均値）。なお，各参加率に対するいじめ否定学級規範の評価得点と私的見解の評価得点の差を求め，各参加率における差を合計したものを個人の虚構性認知得点とする。

⑥是認－否認傾向

いじめ否定学級規範の性質を示す指標である。値が＋（プラス）であれば学級規範は是認されやすい傾向をもち，－（マイナス）であれば否認されやすい傾向をもつ。各参加率のMの値を絶対値変換せずに合計することで算出される（ΣM）。

Ⅳ 結　果

1．いじめ加害傾向の学校間比較

いじめ加害傾向の高低が学校の差異によるものではないことを確認するため，一要因分散分析を行った（表2）。その結果，言語的いじめでも身体的いじめでも4学校間でいじめ加害傾向に有意な差は認められず，学校間に生徒のいじめ加害傾向の差はないことが示された。

2．生徒のいじめ加害傾向と規範意識との関連

測定した14学級の言語的いじめ否定学級規範と身体的いじめ否定学級規範を

表2　学校別のいじめ加害傾向得点の平均値（標準偏差）

	A中学校 $N=38$	B中学校 $N=172$	C中学校 $N=181$	D中学校 $N=99$	F値	
言語的いじめ加害傾向	2.68 (.78)	2.73 (.80)	2.87 (.74)	2.80 (.82)	1.14	n.s.
身体的いじめ加害傾向	1.53 (.83)	1.40 (.77)	1.63 (.88)	1.49 (.71)	2.53	n.s.

表3 いじめに否定的な学級規範と加害傾向の平均値（標準偏差）

$N=490$	言語的いじめ	身体的いじめ
参加率 0 %	.59 (1.32)	1.10 (1.08)
参加率 25%	.27 (.91)	-.05 (1.01)
参加率 50%	-.23 (.68)	-.86 (.88)
参加率 75%	-.92 (.96)	-1.41 (.87)
参加率 100%	-1.31 (1.11)	-1.62 (.92)
強度	5.11 (2.07)	6.35 (2.36)
虚構性	3.13 (2.51)	2.79 (2.74)
加害傾向	2.79 (.78)	1.51 (.81)

表4 いじめに否定的な学級規範認知得点と各加害傾向との相関

$N=490$	言語的いじめ加害傾向	身体的いじめ加害傾向
参加率 0 %	-.17***	-.16***
参加率 25%	-.04 n.s.	.14**
参加率 50%	.15**	.26***
参加率 75%	.18***	.25***
参加率 100%	.11*	.16**
強度（生徒間圧力）	-.12**	-.34***
虚構性（個人的不満度）	.07 n.s.	.07 n.s.

***$p<.001$, **$p<.01$, *$p<.05$

それぞれ算出した（表3）。なお，最大リターン点は，全てのいじめ否定学級規範が0％の参加率に位置していた。是─否認差は，全てが－（マイナス）の数値を示していた。

　生徒のいじめ加害傾向といじめに否定的な規範意識との関連を検討するため，言語的いじめと身体的いじめのそれぞれで，個々の生徒のいじめ否定学級規範認知得点，強度認知得点，虚構性認知得点と言語的いじめ加害傾向，身体的いじめ加害傾向との相関係数を求めた（表4）。言語的いじめでは，0％の参加率で加害傾向と有意な低い負の相関が示され，50％，75％，100％の参加率では，有意な低い正の相関が示された。身体的いじめでは，0％の参加率で加害傾向と有意な低い負の相関が認められ，25％と100％の参加率では有意な低い正の相関が示された。また，身体的いじめへの50％と75％の参加率では，加害傾向と有意なやや低い正の相関が示された。いじめ否定学級規範の構造特性では，言語的いじめと身体的いじめの双方で強度（生徒間圧力）と加害傾向

との間に有意なやや低い負の相関が認められた。しかし，虚構性（個人的不満度）については，加害傾向と有意な相関が認められなかった。

3．いじめ加害傾向の高い学級と低い学級の比較

生徒のいじめ加害傾向とその学級に存在するいじめ否定学級規範との関連を検討するため，言語的いじめと身体的いじめの加害傾向が最も低い2学級（低加害学級群）と，各いじめの加害傾向の最も高い2学級（高加害学級群）を，それぞれいじめ加害傾向得点の学級平均値を基準に選出した。言語的いじめ加害傾向（$M=2.79$）の低加害学級群は私立女子D中学（$M=2.48$）と公立C中学（$M=2.67$）の2学級，高加害学級群は公立B中学（$M=3.09$）と公立C中学（$M=2.97$）の2学級が選出された。身体的いじめ加害傾向（$M=1.51$）の低加害学級群は私立女子D中学から2学級（$M=1.12$, 1.29），高加害学級群は公立B中学（$M=1.74$）と公立C中学（$M=1.71$）の2学級であった。

図4は，言語的いじめ加害傾向の低加害学級群と高加害学級群のいじめ否定学級規範の平均値を基に描いたRPMである。

1）言語的いじめ

生徒の言語的いじめ加害傾向が高い学級群と低い学級群の言語的いじめ否定学級規範について比較するため，言語的いじめ加害傾向（高低）を被調査者間

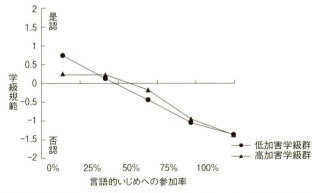

図4　低加害学級群と高加害学級群のリターン・ポテンシャル・モデル（言語的いじめ）

要因,参加率(0％,25%,50%,75%,100%)を被調査者内要因,言語的い じめ加害傾向を独立変数,参加率を従属変数とした二要因分散分析を行った。 その結果,言語的いじめ加害傾向の主効果($F(1,130) = .02$, $n.s.$)は有意では なかったが,参加率の主効果($F(1,2) = 89.01$, $p<.001$)と言語的いじめ加害 傾向×参加率の交互作用($F(1,2) = 3.36$, $p<.05$)が有意であったため,単純 主効果の検定を行った。その結果,0％($F(1,130) = 5.79$, $p<.05$)と50％($F(1,130) = 5.65$, $p<.05$)の参加率における言語的いじめ加害傾向の単純主効果 が有意であった。すなわち,言語的いじめ加害傾向が低い学級群の方が言語的 いじめ加害傾向の高い学級群よりも,言語的いじめに全く参加しない行為(参 加率0％)への肯定的評価が高いことが明らかになった。また,言語的いじめ 加害傾向の低い学級群のほうが言語的いじめ加害傾向が高い学級群よりも,言 語的いじめに時々参加する行為(参加率50%)を否定的に評価していることが 示された。

2) 身体的いじめ

図5は,身体的いじめ加害傾向の低加害学級群と高加害学級群のいじめ否定 学級規範の平均値を基に描いたRPMである。

身体的いじめ加害傾向(高低)を被調査者間要因,参加率(0％,25%, 50%,75%,100%)を被調査者内要因,身体的いじめ加害傾向を独立変数,参

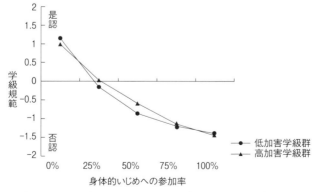

図5　低加害学級群と高加害学級群のリターン・ポテンシャル・モデル(身体的いじめ)

加率を従属変数とした二要因分散分析を行った。結果，身体的いじめ加害傾向の主効果（$F(1,138)=.53, n.s.$）と身体的いじめ加害傾向×参加率の交互作用（$F(1,2)=1.67, n.s.$）は有意ではなく，参加率の主効果（$F(1,2)=170.91, p<.001$）のみが有意であった。参加率について多重比較（Bonferroni法）を行ったところ，0％，25％，50％，75％，100％の全ての組み合わせに有意差が示された（$p<.001$）。

3）いじめ否定学級規範の構造特性

次に，高加害学級群と低加害学級群の規範構造を比較するため等分散を仮定しないt検定を行った（表5，表6）。言語的いじめと身体的いじめの双方で，強度（生徒間圧力）において両学級群間に有意な差が認められ，低加害学級群が高加害学級群よりも，高い強度（生徒間圧力）を示していた。すなわち，高加害学級群のほうが低加害学級群のいじめ否定学級規範よりも是認評価と否認評価の間の幅が狭いラインを描いているといえる。虚構性（個人的不満度）では，どちらのいじめでも両学級群間に有意な差が示されなかった。なお，結晶度（生徒間一致度）は低加害学級群よりも高加害学級群の方が低く，生徒間で

表5　低加害学級群と高加害学級群のいじめに否定的な学級規範構造（言語的いじめ）

	低加害学級群$N=63$	高加害学級群$N=69$	t
強度（生徒間圧力）	5.59 (2.14)	4.52 (2.03)	2.93**
虚構性（個人的不満度）	3.25 (2.93)	3.20 (2.18)	.11n.s.
加害傾向	2.57 (.86)	3.03 (.77)	3.23**
是否認差	-2.00	-2.06	
結晶度（生徒間一致度）	5.27	4.06	

（　）内に標準偏差を示した。　**$p<.01$

表6　低加害学級群と高加害学級群のいじめに否定的な学級規範構造（身体的いじめ）

	低加害学級群$N=67$	高加害学級群$N=73$	t
強度（生徒間圧力）	6.90 (2.22)	5.64 (2.88)	2.89**
虚構性（個人的不満度）	2.79 (3.34)	2.49 (2.19)	.63n.s.
加害傾向	1.21 (.62)	1.73 (.87)	4.08***
是否認差	-1.33	-1.27	
結晶度（生徒間一致度）	5.96	4.47	

（　）内に標準偏差を示した。　***$p<.001$，**$p<.01$，*$p<.05$

いじめ否定学級規範に対する見解が一致していた。許容範囲はどちらの学級群も参加率0％から25％の加害頻度間であり，両群間に大きな違いを読み取ることはできなかった。

V 考　察

　本章では，いじめ否定学級規範と生徒のいじめ加害傾向との関連についてRPMを用いて検討した。測定したいじめ否定学級規範は全て，いじめに全く参加しないことが最も良い行動であると評価され，積極的にいじめに参加するほど否定的に評価される傾向を示すものであった。すなわち，加害傾向の高低にかかわらず，どの学級でも平均的にはいじめに否定的な学級規範が一応存在しているといえる。生徒のいじめ否定学級規範認知得点といじめ加害傾向との関連については，相関係数は決して高くないものの，いじめへの不参加（参加率0％）に対する他の学級成員の肯定的な評価を認知している生徒ほど，いじめ加害傾向が低いことが示された。さらに，言語的いじめでは50％から100％の参加率で，身体的いじめでは25％から100％の参加率において，他の学級成員の否定的評価を認知している生徒のいじめ加害傾向が低かった。これらの結果は，いじめに参加することに対する他生徒からの否定的評価だけでなく，いじめに参加しないことへの肯定的評価も生徒のいじめ加害傾向を抑制することを示唆している。また，言語的いじめにおいて25％の参加率で有意な相関が示されなかったことは，言語的いじめは日常的なコミュニケーションとの境界が分かりづらく，25％程度の参加率に対する是非の判断が難しいことが原因であると考えられる。いじめ否定学級規範の構造特性では，言語的いじめと身体的いじめの双方で，強度（生徒間圧力）認知得点が高い生徒のいじめ加害傾向が低いことが示された。すなわち，いじめへの参加に対する他生徒の規範的圧力を強く感じることが，いじめ加害傾向を抑制することが明らかになったといえる。さらに，虚構性（個人的不満度）認知得点といじめ加害傾向との間には有意な相関が認められず，いじめ否定学級規範が自分の考え方と一致している生徒ほどいじめ加害傾向が低くなるわけではないことが示された。なお，全体的にいじめ否定学級規範といじめ加害傾向との相関係数が低いのは，本章で調査

した学級の多くが似かよったいじめ加害傾向をもつ生徒から構成されていたことが原因として考えられる（言語的いじめ：$SD=.78$，身体的いじめ：$SD=.81$）。より厳しい基準でいじめ加害傾向の高い学級と低い学級を選出し，本章の結果を確認することが今後の課題であるといえる。

本章ではいじめ加害傾向といじめに否定的な学級規範について詳細に検討するため，14学級からいじめ加害傾向の低群と高群を選出し，両群を比較した。RP曲線は，言語的いじめも身体的いじめも，いじめ加害傾向が高い学級群はいじめ加害傾向の低い学級群よりも緩やかな曲線を描いていた。このように学級規範が可視化できれば，学校現場でRPMを学級規範の実態調査として使用することも可能であると考えられる。

なお，両群のいじめ否定学級規範の構造特性を比較すると，言語的いじめでも身体的いじめでも，いじめ加害傾向が高い学級群と低い学級群では強度（生徒間圧力）に違いがみられた。すなわち，加害生徒にとっては周囲の生徒がいじめを受け入れている程度が，いじめ行為を実行する際の判断材料となることが確認されたといえる。いじめなどの攻撃行動は集団内の自らの地位や友人からの好意を維持・向上させる手段としても使用される（Leadbeater, Boone, Sangster, & Mathieson, 2006）。本章の結果は，生徒にとっていじめは自分の学級成員からの評価を落としてまで実行するものではないことを示唆している。なお，言語的いじめでは，いじめ加害傾向の高い学級群は低い学級群よりも，いじめへの0％と50％の参加率に対する是認の程度が弱いことが示された。このようないじめに否定的な学級規範の部分的な緩みも，さほどリスクを伴わずにいじめを行える集団規範の隙間を作り出し，学級全体のいじめ加害傾向を上げる原因になっていると考えられる。

佐々木（1995）は大学サークルの活動参加に関する集団規範を，三沢・山口（2003）は，工場の出勤時刻に関する集団規範を検討し，逸脱行動に対して集団規範が厳しい特徴をもつほど，成員が集団規範に沿った行動を多く示すことを明らかにしている。厳しい集団規範とは，強度（生徒間圧力）が高く，是―否認差が低く，許容範囲が狭い集団規範である。いずれの研究も調査した集団数が少ないという問題点はあるが，本章でもいじめ加害傾向が低い学級群では高い学級群よりもいじめに厳しい学級規範が認められ，これらの先行研究と一

V 考 察

致する結果が確認された。

　本章の結果から，学校現場でのいじめ問題への対応として加害生徒や被害生徒の指導やカウンセリングをする際には，彼らを取りまく集団規範の様態を考慮する必要があることが明らかになった。そして，学級のいじめに否定的な集団規範を厳しく保ちいじめを防止するためには，個々の生徒がいじめに対してはっきりと「悪いことである」という意識をもち，それを学級成員が互いに共有することが重要であるといえる。具体的ないじめ防止対策としては，集団討議法（Lewin, 1953）を用い，いじめについて議論を交わすことで，学級全体でいじめに否定的な集団規範を共有することが有効であると考えられる。集団討議法とは，教師による通達や，投票などによる意思決定とは異なり，他の学級成員の前で各生徒が自主的に，いじめに否定的な意見を表明し，いじめを認めないという合意の形成を目的とした議論を交わすものである。この方法では，個々の生徒は自分だけでなく他の生徒たちも，いじめを認めないことに自主的に合意したということが確認できるため，学級規範の強度（生徒間圧力）と結晶度（生徒間一致度）が高まることが期待できる。

第3章　学級のいじめに否定的な集団規範に影響を与える要因

Ⅰ　いじめの動機

　第2章で行った研究では，いじめに否定的な学級の集団規範と生徒のいじめ加害傾向との関連について検討し，いじめ否定学級規範が高い学級では，いじめ否定学級規範の低い学級と比べて，生徒のいじめ加害傾向が低いことが明らかになった。この結果は，いじめについての学級の集団規範が児童・生徒のいじめ加害行動に影響を与えることを示唆している。

　しかし，いじめに否定的な集団規範を学級内で形成することができれば，全てのいじめを防止できるのだろうか。いじめに否定的な学級の集団規範は，児童・生徒が他者からの否定的な評価を避けようとすることでいじめ防止効果を発揮する。児童・生徒がいじめを行う動機には様々なものがあるが，いじめを行うことが正当化され，その正当化が学級成員に許容されれば，いじめを行っても他者からの否定的評価を受けにくくなる。そこで，本章では児童・生徒のいじめ加害の動機に着目し，いじめに否定的な学級の集団規範との関連を検討することで，どのような動機に基づくいじめが集団成員から許容される傾向があり，いじめ否定学級規範の影響を受けにくいのかを明らかにする。

　いじめを行う理由を児童に質問紙で尋ねた先行研究の因子分析結果では，「こらしめ」「異質性排除」「不条理」の3因子が抽出されている（井上・戸田・中松，1986）。「こらしめ」のいじめでは，加害者は被害者側に落ち度があると認識し，正義のいじめとも呼ばれている。たとえば，テストで100点をとったことを自慢した者や，大事な約束をやぶった者に対して行われる。「異質性排除」は劣位にある者を排除しようとするいじめであり，仲間関係の等質性を脅かす

態度をもつ者を，仲間から排除することを目的としている。「不条理」は加害者側の恣意的ないじめである。これは，いじめる側がもつストレスの発散や快楽を満たすことを目的としている。この3タイプのいじめのなかで，「こらしめ」のいじめは，制裁的な意味合いが強く児童・生徒は被害者に落ち度があると捉えている傾向があり，その行為がいじめであるという自覚が低くなるため，集団規範の影響を受けにくいことが予測される[1]。

II 日常的な教師の指導態度といじめへの罪悪感の影響

本章の第二の目的は，いじめに否定的な学級の集団規範（以下，いじめ否定学級規範）が児童・生徒のいじめ加害傾向に及ぼす影響だけでなく，いじめに否定的な学級の集団規範の高低を規定する背景要因について検討し，学校現場にその知見を提供することである。そこで，いじめ否定学級規範の様態に影響を及ぼす背景要因として「担任教師の影響」と「児童・生徒の罪悪感予期」を取り上げる。

教師という存在が児童・生徒に影響を及ぼすことは，社会的勢力（social power）という観点から様々な研究で明らかにされてきた（浜名・天根・木山, 1983；田﨑, 1979）。しかし，教師が学級のいじめに関する集団規範に及ぼす影響についてはほとんど検討されていない。三島・宇野（2004）は，小学校高学年を対象に一学期と学年末における学級雰囲気と教師の影響力との関連を検討し，そのなかで教師の影響力は「受容・親近」「自信・客観」「怖さ」「罰」「たくましさ」の5因子であることが示された。いじめを抑制することが予測される学級内の認め合いの雰囲気は，児童の「受容・親近」「自信・客観」といった教師認知とそれぞれ正の関連があり，一学期においてのみ「罰」は負の関連を，「怖さ」は正の関連を示した。これらの結果より，教師が日常的に児童・生徒に対して親しみやすく，受容的で自信のある客観的な接し方をしている学級では，児童・生徒が教師をモデルとした行動に動機づけられるため，いじめ

---

1 それぞれの下位因子名は加害理由という視点から付けられているが，「不条理いじめ」に関しては，被害者からの名付け方がされているため，「享楽的いじめ」という表現に改める。また，「こらしめいじめ」は表記上読みづらいため，「制裁的いじめ」に変更する。

否定学級規範が高くなると予測される。また，教師が迫力のある怒り方をすると児童・生徒から認知されている学級では，いじめが発覚した時に加害者や観衆者，傍観者が教師から叱られる時の負担が大きくなるため，「いじめはまずい」ものとなる。そのため，集団規範はより厳しく，いじめに否定的となることが予測される。しかし，日常的に教師からの罰を意識している生徒は，強者が弱者の非を制裁するという点で同様の構図をもつ「こらしめ」を目的としたいじめへの違和感が少ないため制裁的いじめの，加害傾向が高くなると考えられる。なお，「罰」については，その項目が理不尽な罰で構成されているため，本章では「不適切な権力の行使」という表現に変更した。

また，近年，向社会的行動を促進し，攻撃性を抑制する要因として罪悪感（guilt）の機能が注目されている（Hoffman, 1998；Tangney, 1995）。罪悪感は「自己の行為をネガティブに評価し，その行為が他者に及ぼす影響に関心を向けた場合に生起し，その影響の修正や他者への弁明・謝罪といった表出行動を顕在化させる情動」と定義されるように（久崎，2005），自己評価を行うことで生じる情動である。自己評価は，①他者や社会集団の基準や目標を覚知し，②その基準や目標を取り入れ，③その基準や目標に基づいた自分自身の行動を評価し，④自分自身と他者のどちらに非があるかを判断し，⑤自分自身の安定した側面あるいは特異的な側面への帰属を行うというプロセスで行われる（Lewis, 1999）。この時，自分自身の非を特定の行為など，自己の特異的な側面に帰属した場合に罪悪感が喚起される（Lewis, 1971；Lewis, 1992）。罪悪感は，共感性や役割取得能力と正の関連があり，攻撃性と負の関連があることが明らかにされている（有光，2001，2006；石川・内山，2002）。いじめ問題でも，加害者のいじめに対する罪悪感の欠如が指摘されている（高徳，1999）。

Mancini & Gangemi（2004，2006）は，実際に行動を行った後に生じる罪悪感ではなく，罪悪感への恐れ（fear of guilt）という観点から，罪悪感を強く予期する人は，罪悪感をもつことを恐れるため，慎重に吟味した安全な方策をとる傾向があることを示している。罪悪感を予期することで生じる罪悪感への恐れは，児童・生徒のいじめ加害傾向を抑制する上で効果的に働くと予測される。すなわち，他者をいじめることへの罪悪感を強く予期する児童・生徒ほど，罪悪感に苦しむ結果を避けようとするため，いじめ加害傾向が低いことが予測

される。

　なお，自己評価プロセスの①から③には，教師や学級の集団規範が影響すると考えられるため，本章では，罪悪感の予期を，教師認知と学級の集団規範がいじめ加害傾向を抑制する際の，媒介変数として仮定する。すなわち，児童・生徒は教師の対人方略をモデルとして取り入れるため，教師の親しみやすく受容的で，自信のある客観的な態度を認知している児童・生徒は，クラスメイトに心理的・身体的暴力を加えるいじめ行為への罪悪感を抱きやすいと考えられる。また，教師の態度として，迫力のある怒り方を認知している児童・生徒も，教師のもつ善悪の基準や目標を日常生活のなかで明確に知ることができるため，いじめへの罪悪感が高くなることが予測される。さらに，学級の集団規範から逸脱した行動をとることは，罪悪感が喚起される要因の一つであり，いじめ否定学級規範を高く認識している生徒ほど，いじめに対する罪悪感を抱きやすいと考えられる。ただし，上述のように，全てのいじめに対していじめ否定学級規範が効果的に働くわけではなく，罪悪感のいじめ抑制効果はいじめの理由によって変化する可能性がある。特に「こらしめ」を理由に正当化された制裁的いじめは，「異質性排除」「享楽」を理由としたいじめとは異なり，いじめ否定学級規範の影響だけでなく，罪悪感の影響も低くなると考えられる。

Ⅲ　本章の目的

　本章では，児童・生徒の教師の態度認知（以下，教師認知）がいじめ否定学級規範と罪悪感予期を媒介していじめ加害傾向に与える影響について明らかにすることを目的とする。本章で仮定するモデル（図6）と，それに伴う仮説は以下の通りである。

仮説1　「受容・親近」「自信・客観」「怖さ」の教師認知が高い児童・生徒ほど，いじめ否定学級規範を高く認識している。

仮説2　「受容・親近」「自信・客観」「怖さ」の教師認知が高い児童・生徒ほど，罪悪感予期が高い。

仮説3　いじめに否定的な学級規範（いじめ否定学級規範）を高く認識してい

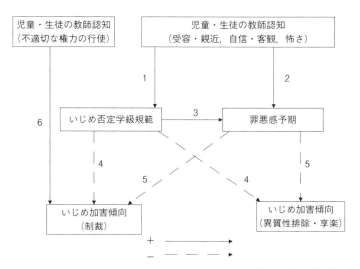

図6　いじめ加害傾向への仮説的影響モデル

る児童・生徒ほど罪悪感予期が高い。

仮説4　いじめに否定的な学級規範（いじめ否定学級規範）を高く認識している児童・生徒ほど，異質性排除・享楽的いじめ加害傾向と制裁的いじめ加害傾向が低い。

仮説5　罪悪感予期が高い生徒ほど，異質性排除・享楽的いじめ加害傾向と制裁的いじめ加害傾向が低い。

仮説6　「不適切な権力の行使」の教師認知が高い児童・生徒ほど，制裁的いじめ加害傾向が高い。

Ⅳ　方　法

1．調査対象者

　公立小学校5，6年生11クラス，公立中学校1～3年生10クラスの児童・生徒646名を調査対象とした。このうち，記入ミスのなかった児童・生徒547名（小学生240人，中学生307人）を分析の対象とした。

2. 調査時期および手続き

調査時期は2007年6月～9月であり，調査は担任教師によって学級ごとに実施された。社会的望ましさによる測定誤差を抑止するため，調査は無記名回収で回答中の机間巡視を行わなかった。また，倫理的配慮から，答えたくない質問には答えなくてよいことを伝えた。

3. 調査内容

本調査で使用された尺度は以下のものである。

1) いじめ加害傾向の測定

いじめについての物語を井上ら（1986）を参考に作成し，それぞれ回答者自身が登場人物（加害者）なら同じようなことをすると思うかについて質問した（巻末資料2）。12項目からなり，「しないと思う」（1点）から「すると思う」（4点）の4件法で評定を求めた（表7）。

2) 罪悪感予期の測定

いじめ加害傾向と同じ物語について，もし自分がいじめ行為を行ったら罪悪感をもつか否かについて質問した（巻末資料2）。12項目からなり，「まったくもたないと思う」（1点）から「すごくもつと思う」（4点）の4件法で評定を求めた。

3) 教師認知尺度

三島・宇野（2004）の教師認知尺度を参考に，調査対象校の教師2名と言語表現の適切性について検討し作成した。19項目からなり，「まったくそう思わない」（1点）から「とてもそう思う」（5点）の5件法で評定を求めた（表8）。

4) いじめに対する学級規範の測定

具体的ないじめ行動と，いじめを制止する行動に対する学級集団の評価について質問した。8項目からなり，「とてもいいと思うだろう」（1点）から「すごくまずいと思うだろう」（7点）の7件法で評定を求めた（表9）。

V 結　果

1．測定尺度
1）いじめ加害傾向

　12項目の評定値について，主因子法・プロマックス回転による因子分析を行った。固有値の減衰状況（6.51，1.21，.70，.60…）と因子の解釈可能性に基づき，2因子解を採用した。両方の因子に同程度の負荷量を示した項目を除外し，残った11項目で再度，因子分析を行った。結果を表7に示す。第1因子は異質であることや，享楽を理由としたいじめの加害傾向を測る項目の負荷量が高いことから，「異質性排除・享楽的いじめ加害傾向」と命名した。第2因子は，制裁を理由としたいじめの加害傾向を測る項目の負荷量が高いことから，「制裁的いじめ加害傾向」と命名した。次に内的整合性を検討するためにα係数を算出した。その結果，「異質性排除・享楽的いじめ加害傾向」ではα = .88，「制

表7　いじめ加害傾向の因子分析結果（プロマックス回転）

項　目	F1	F2	共通性
〈異質性排除・享楽的いじめ加害傾向　α =.88〉			
自分たちと違って，先生にいつもしかられているから	.85	-.15	.57
服装がみんなと違って変だから	.82	-.03	.64
落書きをされたノートを見た時の反応が楽しいから	.70	.06	.56
みんなと違って，動作が遅いから	.66	.14	.59
仲間はずれにした時の反応がおもしろいから	.59	.21	.57
そうすると気分がスッキリするから	.57	.10	.42
〈制裁的いじめ加害傾向　α =.87〉			
そうでもしないと，自分の性格の悪さに気がつかないから	-.14	.95	.74
いつも自分勝手なので，こらしめたい	.00	.81	.66
嘘つきで何度も困らされたから	.06	.75	.62
他の子をいじめたことがあり，いじめられる気持ちを知るべきだから	.10	.56	.39
髪や服装を清潔にしていないから	.28	.54	.59
二乗和	4.87	4.71	
因子間相関		.69	

裁的いじめ加害傾向」では α = .87という値が得られ，十分な内的一貫性が示された。各因子の合計得点を，それぞれ，異質性排除・享楽的いじめ加害傾向，制裁的いじめ加害傾向とした。

2）罪悪感予期

12項目の評定値について，主因子法による因子分析を行った。固有値の減衰状況（7.00，1.13，.68…）と因子の解釈可能性に基づき，1因子解を採用した。次に内的整合性を検討するために α 係数を算出した。α = .93という値が得られ，十分な内的一貫性が示された。項目の合計得点を，罪悪感予期とした。

3）教師認知

19項目の評定値について，主因子法・プロマックス回転による因子分析を行った。固有値の減衰状況（3.94，2.10，1.46，.89，.78…）と因子の解釈可能性に基づき，3因子解を採用した。さらに，1つの因子に対して0.35以下の負荷量を示した項目および両方の因子に同程度の負荷量を示した項目を除外し，残った14項目で再度，因子分析を行った。結果を表8に示す。第1因子は三島・宇野（2004）の「受容・親近」と「自信・客観」を測る項目から構成されていたため「受容・親近・自信・客観」と命名した。三島・宇野（2004）に従い，第2因子は「怖さ」，第3因子は「不適切な権力の行使」と命名した。次に内的整合性を検討するために α 係数を算出した。その結果，「受容・親近・自信・客観」では α = .83，「怖さ」では α = .77，「不適切な権力の行使」では α = .56という値が得られた。各項目の合計得点を，それぞれ，受容・客観，怖さ，不適切な権力の行使とした。

4）いじめ否定学級規範

8項目の評定値について，主因子法による因子分析を行った。固有値の減衰状況（4.07，1.03，.63…）と因子の解釈可能性に基づき，1因子解を採用した。さらに，0.35以下の負荷量を示した項目を除外し，残った7項目で再度，因子分析を行った（表9）。次に，内的整合性を検討するために α 係数を算出した。α = .87という値が得られ，十分な内的一貫性が示された。抽出された各項目

表8　教師認知の因子分析結果（プロマックス回転）

項目	F1	F2	F3	共通性
〈受容・親近・自信・客観　α=.83〉				
担任の先生は，うれしいとき一緒に喜んでくれます	.71	-.07	.07	.47
担任の先生は，生徒が口答えや反抗をしてもしっかり指導します	.68	.06	.03	.47
担任の先生は，生徒が話しかけやすい感じがします	.65	-.18	.00	.40
担任の先生は，納得がいく理由でしかってくれます	.63	.10	-.10	.48
担任の先生は，楽しい授業をしてくれます	.62	-.02	-.03	.38
担任の先生は，悪いことをしたとき，どの生徒も同じようにしかります	.61	.05	-.05	.41
担任の先生は，自分の苦手なことや失敗したことを話してくれます	.58	-.01	.14	.31
担任の先生は，もしクラスでいじめがあったら，見逃さずに必ずしかります	.45	.14	-.08	.28
〈怖さ　α=.77〉				
担任の先生は，ふだんは怖くないけれど，怒っているときはすごく怖いです	.06	.77	-.04	.61
担任の先生は，怒ったときの表情や声が怖いです	-.10	.75	.03	.54
担任の先生は，迫力のある怒り方をします	.06	.68	.05	.48
〈不適切な権力の行使　α=.56〉				
担任の先生は，言うことを聞かないと成績を下げます	.04	.02	.75	.55
担任の先生は，言うことを聞かないと親に言いつけることがあります	.08	-.02	.52	.25
担任の先生は，言うことを聞かない生徒を嫌うことがあります	-.14	.08	.39	.21
二乗和	3.28	1.83	1.30	
因子間相関　F2	.21			
F3	-.29	.05		

表9　いじめ否定学級規範の因子分析結果

項目	因子負荷量	共通性
〈いじめ否定学級規範　α=.87〉		
気にいらない人を，みんなで無視すること	.79	.62
休み時間に遊ぶとき，気に入らない人を仲間はずれにすること	.78	.60
仲間はずれをしている人たちに，やめるように注意をすること*	.76	.57
気にいらない人の悪口をわざと本人に聞こえるように言うこと	.75	.57
誰かの持ち物を隠している人に，やめるように注意をすること*	.71	.72
気にいらない人の持ち物に悪意のある落書きをすること	.70	.49
みんなから無視されている人と普通に話をすること*	.51	.26
累積寄与率（%）	51.5	

*は逆転項目である。

の合計得点を，いじめ否定学級規範とした。

2．調査に用いた各尺度の小学生と中学生の比較

　小学生と中学生の間で調査に用いた各尺度に差があるかを検討するため，学校の種別（小学生・中学生）で t 検定を行った。その結果，異質性排除・享楽的いじめ加害傾向（$t(545) = 8.08$, $p<.001$）と制裁的いじめ加害傾向（$t(545) = 6.71$, $p<.001$）は中学生のほうが小学生よりも有意に高かった。いじめ否定学級規範は，中学生のほうが小学生よりも有意に低かった（$t(545) = 5.17$, $p<.001$）。罪悪感予期は，中学生が小学生よりも有意に低かった（$t(545) = 2.94$, $p<.01$）。受容・親近・自信・客観の教師認知は，中学生が小学生よりも有意に低かった（$t(545) = 2.97$, $p<.01$）。不適切な権力の行使の教師認知は，中学生が小学生よりも有意に高かった（$t(545) = 10.37$, $p<.001$）。怖さの教師認知では，両群間に有意な差はみられなかった（$t(545) = 1.45$, $n.s.$）。

3．調査に用いた各尺度間の2変量相関

　本調査で使用した異質性排除・享楽的いじめ加害傾向，制裁的いじめ加害傾向，いじめ否定学級規範，罪悪感予期，受容・親近・自信・客観，怖さ，不適切な権力の行使の各変数間の相関係数を算出した（表10）。異質性排除・享楽的いじめ加害傾向と他尺度との関連については，制裁的いじめ加害傾向との間に中程度の正の相関が認められ（$r=.68$, $p<.001$），いじめ否定学級規範（$r=-.49$, $p<.001$）と罪悪感予期（$r=-.50$, $p<.001$）の間に中程度の負の相関が，受容・親近・自信・客観との間にやや低い負の相関が（$r=-.36$, $p<.001$），不適切な権力の行使との間に低い正の相関が示された（$r=.25$, $p<.001$）。制裁的いじめ加害傾向と他尺度との関連については，いじめ否定学級規範（$r=-.45$, $p<.001$）と罪悪感予期（$r=-.52$, $p<.001$）の間に中程度の負の相関が，受容・親近・自信・客観（$r=-.29$, $p<.001$）と怖さ（$r=-.09$, $p<.05$）の間に低い負の相関が，不適切な権力の行使との間に低い正の相関が示された（$r=.26$, $p<.001$）[2]。

表10 調査に用いた各尺度の相関分析結果

N=547	制裁的いじめ加害傾向	いじめ否定学級規範	罪悪感予期	受容・親近・自信・客観	怖さ	不適切な権力の行使
異質・享楽的いじめ加害傾向	.68***	-.49***	-.50***	-.36***	-.06	.25***
制裁的いじめ加害傾向		-.45***	-.52***	-.29***	-.09*	.26***
いじめ否定学級規範			.51***	.38***	.14**	-.12**
罪悪感予期				.35***	.18***	-.11*
受容・親近・自信・客観					.18***	-.21***
怖さ						.07

***$p<.001$, **$p<.01$, *$p<.05$

4．いじめの加害傾向に影響を及ぼす要因モデルの検討

児童・生徒の教師認知（受容・親近・自信・客観，怖さ，不適切な権力の行使），いじめ否定学級規範，罪悪感予期がいじめ加害傾向（異質性排除・享楽，制裁）に与える影響過程モデルを，表10の相関分析の結果と前述の仮定に基づき因果モデルとして構成し，Amos 7.0を用いた最尤推定法による構造方程式モデリングによって検討した。児童・生徒の教師認知（受容・親近・自信・客観，怖さ，不適切な権力の行使）は，それぞれ項目数が比較的少ないため潜在変数を用いた。モデルの解釈可能性と適合度検定の結果を検討し，図7（GFI = .945, AGFI = .925, CFI = .943, RMSEA = .049）のモデルを採用した。標準化された因果係数，決定係数を図7に示す。なお，不適切な権力の行使，受容・親近・自信・客観，怖さから教師認知の各項目へのパスは全て有意であった（そ

---

2 小学生と中学生を別々に分析した結果，教師の受容・親近・自信・客観の認知は，罪悪感との間に$r=.33／.34$，いじめ否定学級規範との間に$r=.35／.37$の有意な正の相関が，異質・享楽的いじめ加害傾向は罪悪感予期との間に$r=-.43／-.51$，いじめ否定学級規範との間に$r=-.43／-.47$の有意な負の相関が示された。また，制裁的いじめ加害傾向は罪悪感予期との間に$r=-.50／-.51$，いじめ否定学級規範との間に$r=-.35／-.47$の有意な負の相関が示され，小学生と中学生で大きな構造的な違いは認められなかった（相関係数の値は全て「小学生/中学生」の順に示した）。

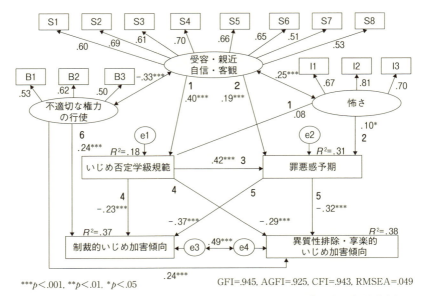

図7 いじめ加害傾向への影響過程モデル

れぞれ$p<.001$)，各項目の誤差については図7への表記を省略した。

1) いじめ否定学級規範と罪悪感予期に影響を与える要因

児童・生徒の受容・親近・自信・客観に関する教師認知から，いじめ否定学級規範へのパス係数（.40，$p<.001$）は有意であったが，児童・生徒の怖さに関する教師認知からのパスは有意ではなかったため（.08，$n.s.$)，仮説1は部分的に支持された。また，児童・生徒の受容・親近・自信・客観に関する教師認知から，罪悪感予期へのパス係数（.19，$p<.001$）は有意であり，怖さに関する教師認知から罪悪感予期へのパス係数も有意であった（.10，$p<.05$）。したがって，仮説2は支持された。さらに，いじめ否定学級規範から罪悪感予期へのパス係数（.42，$p<.001$）も有意であり，仮説3は支持された。

2) いじめの加害傾向に直接影響を与える要因

いじめ否定学級規範から制裁的いじめ加害傾向へのパス係数（－23，$p<.001$）

と，異質性排除・享楽的いじめ加害傾向へのパス係数（－.29, $p<.001$）は有意であり，仮説4は支持された。また，罪悪感予期から制裁的いじめ加害傾向へのパス係数（－.37, $p<.001$）と，異質性排除・享楽的いじめ加害傾向へのパス係数（－.32, $p<.001$）は有意であり，仮説5は支持された。さらに，不適切な権力の行使から制裁的いじめ加害傾向へのパス係数（.24, $p<.001$）は有意であり，仮説6は支持された。なお，不適切な権力の行使から異質性排除・享楽的いじめ加害傾向へのパス係数（.24, $p<.001$）も有意であった。

Ⅵ 考　察

　本章では，児童・生徒の教師認知がいじめ否定学級規範と罪悪感予期を媒介していじめの加害傾向に与える影響について明らかにすることを目的とした。
　まず，児童・生徒の教師認知については，受容・親近・自信・客観に関する教師認知が高い生徒ほどいじめ否定学級規範を高く意識していることが示された。西本（1998）は教師が児童・生徒への影響の行使を可能にする資源と学級文化との関連について検討し，思いやりが学級文化の相違にかかわらず，教師の資源として有効であることを明らかにしている。すなわち，よく励ましてくれたりよく相談にのってくれる教師は児童・生徒への影響力が大きくなる。また，三島・宇野（2004）は，児童は教師の受容的で親近感のある態度や，自信のある客観的な態度をモデルに，相手を尊重し認め合う学級雰囲気を醸成していくことを示している。
　本章はこれらの結果を支持するものであり，担任教師が児童・生徒と共に喜ぶ姿や，口答えや反抗を示す児童・生徒にもしっかりとした指導を行うなど，受容的で親しみやすく，自信をもった客観的な教師の態度が，児童・生徒のいじめを否定的に捉える学級の集団規範を高める力をもつことが示された。なお，担任教師の怖さに関する認知はいじめ否定学級規範との有意な関連が認められず，いじめ否定学級規範を高く保つために，必ずしも担任教師が迫力のある怒り方をする怖い先生である必要はないことが示された。
　さらに，受容・親近・自信・客観に関する教師認知や，怖さに関する教師認知はいじめを行った後の罪悪感予期に対しても，値は小さいものの，影響を及

ぼしており，担任の先生は親しみやすく受容的であり，自信と客観的な指導態度を備えていると考えている児童・生徒や，担任の先生は，怒ると怖いと考えている児童・生徒は，そうでない者よりも自分がいじめを行った時に感じるであろう罪悪感を高く予期していた。罪悪感は自己評価プロセスのなかで生じるものであり（Lewis, 1999），児童・生徒がいじめへの罪悪感を抱くためには，教師や学級集団の基準や目標を覚知し，その基準や目標を取り入れている必要がある。受容・親近・自信・客観に関する教師認知が罪悪感の予期に影響を与えている理由として，教師が受容的で親近感のある接し方や，自信にあふれた指導，客観性に基づいた評価などを児童・生徒に日常的に示すことで，教師の対人関係に関する基本姿勢が伝わり，いじめが教師の期待に背く行為として認識されやすくなることが考えられる。また，怖さに関する教師認知も同様に，悪いことをした時に教師から迫力のある叱られ方をされることで，教師がもつ目標や基準を理解しやすくなるため，児童・生徒のいじめへの罪悪感が高くなるのだと考えられる。

　不適切な権力の行使に関する教師認知は，制裁的いじめ加害傾向と異質性排除・享楽的いじめ加害傾向に影響を及ぼしており，教師からの不適切な権力の行使を予期する生徒ほど，両タイプのいじめの加害傾向が高かった。したがって，仮定していた制裁的いじめに限らず，異質性排除・享楽的いじめにおいても，不適切な権力を行使した教師の指導はいじめの抑止につながらないばかりか，むしろいじめを促進する働きをすることが示唆された。先生の言うことを聞かないと権力を行使されて罰を与えられると児童・生徒が認知していることは，三島・宇野（2004）の研究においても児童・生徒の反抗的な態度を促進するという結果が示されているため，学級運営にとって好ましくない状況を生み出す態度であるといえる。

　なお，いじめ否定学級規範は，罪悪感予期の促進要因であることが示され，学級規範がいじめに否定的であると認識している児童・生徒ほど，いじめを行った後に高い罪悪感を抱くことを予期していた。これは，児童・生徒にとっていじめを行うことがクラスメイトの期待に背く行為として位置づけられるためであると考えられる。また，いじめ否定学級規範は，制裁的いじめ加害傾向と異質性排除・享楽的いじめ加害傾向を抑制する方向で影響を及ぼしている。学級

のいじめに否定的な集団規範への意識を高くもつことが，いじめの加害傾向を低減させるという本章の結果は，第 2 章の結果と一致するものである。友人関係は児童・生徒にとって学校生活の適応感を左右する重要な要因である（大久保，2005）。そのため，いじめ行為が学級の集団規範から逸脱し，他者から批判される可能性がある場合には，いじめを行うコストが高くなり，いじめの加害傾向が低くなると考えられる。さらに，いじめ否定学級規範から制裁的いじめ加害傾向へのパス係数と比較して，異質性排除・享楽的いじめへのパス係数の値がわずかとはいえ大きかったことは，異質性排除や享楽を目的としたいじめのほうが，クラスメイトからいじめとして認識されやすく，いじめ否定学級規範の影響を受けやすいためであると考えられる。

いじめに対する罪悪感の予期は，異質性排除・享楽的いじめ加害傾向に最も影響を及ぼしており，仮定した通り，いじめに対する罪悪感を高く見積もる児童・生徒ほどいじめの加害傾向が低いことが示された。罪悪感は，とても不愉快な自己に対する軽蔑の感情である（Hoffman, 1998）。いじめに対して罪悪感をもつことを強く予期する児童・生徒ほど，その不愉快な感情状態を避けようとするため，いじめ行為を選択しないと考えられる。すなわち，児童・生徒がいじめを行うことで罪悪感を抱くか否かは，いじめを防止する上で重要な要因であるといえる。なお，罪悪感は恥の感情のように他者から引きこもることなく，罪の告白や謝罪，悪い行動の埋め合わせをするように動機づける機能を有することが明らかになっている（Tangney, Burggraf, & Wagner, 1995）。すなわち，加害者が罪悪感をもった場合には，その不愉快な感情から解放されるためにいじめを止めようとすることが期待できる。罪悪感のこうした向社会的機能は，いじめの継続や深刻化，再発を防ぐためにも有効である。いじめは加害者の利害構造に支えられて蔓延・エスカレートするといわれている（内藤，2001）。いじめ否定学級規範や罪悪感の予期は，加害者にとっていじめを行うことのメリットを低くし，デメリットを高める役割を担っていると考えられる。

最後に，本章で取り上げた全ての要因について，小中学生間の差を検討した。その結果，怖さに関する教師認知以外の全ての項目で差が認められた。まず，小学校よりも中学校で異質・享楽いじめ加害傾向と制裁いじめ加害傾向が高かったことは，いじめが中学校において最も顕著にみられるという調査結果と

一致するものである（文部科学省，2013）。本章で検討した結果，いじめ加害傾向を抑制することが明らかになった受容・親近・自信・客観に関する教師認知，いじめ否定学級規範および罪悪感予期は，小学生よりも中学生のほうが低く，いじめ加害傾向を促進していることが明らかになった。不適切な権力の行使に関する教師認知は小学生よりも中学生のほうが高かった。すなわち，小学生と比較して中学生にいじめが多い背景には，教師の児童・生徒への関わり方や環境としての学級規範の様態の変化が関連している可能性があるといえよう。こうしたいじめ加害傾向を促進する要因を改善し，いじめ加害傾向を抑制する要因を強化することが，有効ないじめ防止対策となる。

第4章　いじめの個人内生起メカニズム

I　直接的いじめと関係性いじめ

　いじめの攻撃手段は多様であり，いじめの分類方法もいくつか存在する。本章ではいじめを「直接的いじめ（direct abuse）」と「関係性いじめ（relational abuse）」に分類し検討を行った。直接的いじめとは，加害者が「悪口をいう」などの言語的攻撃や「たたく・ける」などの身体的攻撃，「持ち物を隠す」などの物理的攻撃を用いて被害者に苦痛を与えるいじめである。関係性いじめとは，加害者が「無視」や「仲間はずれ」など対人関係に危害を加える関係性攻撃を用いて被害者に苦痛を与えるいじめである（Feshbach, 1969；Feshbach & Sones, 1971）。直接的いじめは仲間集団外の成員がいじめの標的にされる傾向があり，関係性いじめは仲間集団内の成員がいじめの標的とされる傾向がある（児童生徒の問題行動に関する調査研究協力者会議，1996）。攻撃性の研究において，関係性攻撃を行う者と直接的攻撃を行う者は，様々な異なる特色を示すことが明らかになっている。たとえば，関係性攻撃を行う児童の友人関係は，直接的攻撃を行う児童の友人関係と比較して親密度が高いことや（Grotpeter & Crick, 1996），関係性攻撃を行う児童は友人に対しての自己開示をあまり行わないが，友人からの自己開示を引き出す傾向があり（Grotpeter & Crick, 1996），その敵意的バイアス（他者の行為に悪意を読み取る傾向）は，自らが関係性攻撃を受けた場面に限られるなどの特色がある（Crick, 1995）。すなわち，直接的攻撃に基づくいじめの加害傾向と関係性攻撃に基づくいじめの加害傾向は，別々に検討する必要がある。

II 個人内のいじめ生起メカニズム

本章では個人内のいじめ生起メカニズムの流れを「①発達過程で身につけたある傾向（性格特性）をもつ個人が，②いじめを誘発するような対人刺激に反応し，その刺激を解釈，吟味（対人情報の取得）することで③生じた個人内の結果（個人内結果）に，④周囲の状況（状況要因）を判断材料として加えることで，⑤いじめ行動が取捨選択される（対人的結果）」と仮定し，これらのプロセスを構成するものとして以下の概念を取り上げ検討する。

①性格特性（自己愛傾向）

まず，①の性格特性として，自己愛傾向を取り上げる。自己愛傾向が高い者は「他者を自己の延長として，あるいは，自己の欲求を満たす手段としてしか認識しない」「自己の重要性に関する誇大な感覚」「特権意識，特別有利な取り計らい，または自分の期待に自動的に従うことを理由なく期待する」「対人関係で相手を不当に利用する」「自分自身の目的を達成するために他人を利用する」という特徴をもつ（American Psychiatric Association, 2000）。自己愛傾向は，情動的共感性と負の関連を（Kalliopuska, 1992；Watson, Grisham, Trotter, & Biderman, 1984），攻撃性と正の関連（Baumeister & Boden, 1998；小塩，2002；湯川，2003）をもつことが示されている。また，高い自己愛傾向をもつ者は，他者から特別扱いを受けることを当然と考える傾向があり，その期待を裏切られると欲求不満状態に陥るため，他者への敵意を抱きやすいという（Hart & Joubert, 1996）。いじめについては，自己愛を傷つけられることにより発生する敵意や攻撃性のみでなく，健康な自己愛を形成できずにいる高い自己愛者が，万能感を映し出す鏡として自分の意のままになるいじめ被害者を欲していることが指摘されている（坂西・岡本，2004）。すなわち，高い自己愛傾向は他者に対する敵意の抱きやすさや，操作的欲求，特権階級的思考から，情動的共感性およびいじめに否定的な集団規範への意識を低下させ，いじめ加害傾向を促進させると考えられる。なお，近年，自己愛傾向を上記のような傲慢・自己没頭・注目願望・自己主張性・他者への関心の低さなどを特徴

とする誇大型だけでなく，内気・自己抑制性・他者回避性・傷つきやすさなどを特徴とする過敏型を含めて論じる傾向がある（相澤，2002；Gabbard, 1994；岡野，1998；Wink, 1991）。攻撃性と自己愛の関連については，ほとんどが誇大型に着目した研究であるが，過敏型の敏感で傷つきやすい特徴が加害傾向と，自己抑制による他者への追従傾向が集団規範と関わる可能性があるため，本章では過敏型の自己愛傾向についても探索的に取り上げる。

②対人情報の取得（認知的共感性），③個人内結果（情動的共感性）

次に，②の対人情報の取得に関する要因として認知的共感性を，③の個人内結果として情動的共感性を取り上げる。認知的共感性とは，日常生活において他者の立場に立とうとする傾向を意味する。情動的共感性とは他人の経験を見てそれに情動的に反応する傾向を意味し，認知的共感性の結果生じる概念として位置づけられる（Davis, 1994）。現在のいじめの指導は，攻撃性研究の知見から，いじめ加害者は他者の気持ちに対する理解力が欠けているという社会的能力不足説に基づいている（Dodge & Frame, 1982；Hudley & Graham, 1993；Miller & Eisenberg, 1988）。しかし，それらは主に直接的いじめを対象とした研究によるものである。Sutton, Smith, & Swettenham（1999）は，集団を操作するような組織的ないじめを行う加害者は，認知的共感性が高いことを示している。関係性いじめを行うには仲間集団内の規範を調節しながら，仲間集団が被害者を攻撃する方向へと導いていく必要があり，共感性の認知的側面が欠けていては実行し難い。また，被害者に対しても，相手の気持ちが理解できないのではなく，理解した上で相手の弱みを見いだしていじめており，相手の心痛に関しても想像は可能だが（認知的共感性の関与），自分のことのようには感じていない（情動的共感性の欠如）と考えるほうが妥当であろう。むろん，認知的共感性は向社会的行動との正の関連が実証されているため（Eisenberg & Miller, 1987），単純にそれが高いほど関係性いじめの加害傾向が高いとはいえない。なお，自己愛傾向の強い者は直接的いじめに否定的な集団規範を意識することが少ないために，直接的いじめ加害傾向をより強くもつと考えられる。また，関係性いじめについては，高い自己愛の影響で情動的共感性が低く，仲間集団の関係性いじめに対する否定的な規範意識を意識することが少ないため，いじめ加害傾向が高くなると予測される。

④**状況要因（いじめ否定規範意識）**

最後に，④の状況要因としていじめ否定規範意識を取り上げ，「いじめに否定的な集団規範を個人が意識している傾向」と定義する。いじめ否定規範意識が高い生徒とは「周囲はいじめに批判的である」と捉えている生徒であり，いじめ否定規範意識が低い生徒とは「周囲はいじめに容認的である」と捉えている生徒である。卜部・佐々木（1999）は，中学校，高校，専門学校において授業中の私語の発生と集団規範との関連を，リターン・ポテンシャル・モデルを用いて検討し，私語が少ないクラスでは私語が多いクラスと比較して，私語に否定的な集団規範が存在することを示している。個人の意識レベルにおいても，いじめに否定的な集団規範を高く認識する生徒は加害傾向が低く，いじめに否定的な集団規範を低く認識する生徒は加害傾向が高いことが予測される。なお，仲間集団内で発生することが多い関係性いじめは，学級集団よりも仲間集団の規範が状況要因として関与し，被害者の立場が仲間集団に限定されない直接的いじめは，仲間集団だけでなく，それを含めた学級集団の規範が主に関与することが予測される。関係性いじめは，悪化すると学級集団の成員全てを巻き込むことも考えられるが，本章ではいじめの生起過程に焦点をあてるため，関係性いじめにおける学級集団の規範は対象としない。

以上述べてきたように，本章では，自己愛傾向，認知的共感性，情動的共感性が，関係性いじめと直接的いじめに対する否定的な規範意識および加害傾向に与える影響について明らかにし，いじめの個人内生起メカニズムについて，以下の仮定モデルに基づいて検証することを目的とする（図8，図9の番号は下記の仮定番号と対応する）。

関係性いじめ

仮定1 自己愛傾向が，情動的共感性と関係性いじめに否定的な仲間集団の規範意識（以下，関係性いじめ否定規範意識と略記）に負の影響を及ぼし，関係性いじめ加害傾向に正の影響を及ぼす。

仮定2 情動的共感性が，関係性いじめ加害傾向に負の影響を及ぼす。

仮定3 関係性いじめ否定規範意識が関係性いじめ加害傾向に負の影響を及ぼす。

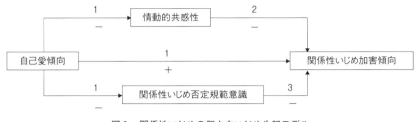

図8　関係性いじめの個人内いじめ生起モデル

図9　直接的いじめの個人内いじめ生起モデル

直接的いじめ

仮定4　自己愛傾向が，直接的いじめに否定的な学級集団の規範意識（以下，直接的いじめ否定規範意識と略記）に負の影響を及ぼし，直接的いじめ加害傾向に正の影響を及ぼす。

仮定5　認知的共感性が直接的いじめ加害傾向に負の影響を及ぼす。

仮定6　直接的いじめ否定規範意識が直接的いじめ加害傾向に負の影響を及ぼす。

Ⅲ　方　法

1．調査対象者

　公立中学校1，2年生5クラスの生徒196名を調査対象とした。このうち，記入ミスのなかった生徒188名（男子103人，女子85人）を分析の対象とした。

2．調査時期および手続き

　調査時期は2005年7月～9月であった。調査は担任教師によって集団で実施

された。社会的望ましさによる測定誤差を抑止するため，調査開始前に無記名回収であること，回答中の机間巡視を行わないこと，倫理的配慮から，答えたくない質問には答えなくてよいことを伝えた。

3．調査内容

1）いじめ加害傾向の測定

田中（2001）を参考に関係性いじめ，直接的いじめについての物語を作成し，それぞれ自分が登場人物（加害者）なら同じようなことをすると思うかについて5項目で質問した。評定は「しないと思う」（1点）から「すると思う」（4点）の4件法で求めた。

2）いじめに否定的な規範意識の測定

直接的いじめと関係性いじめを行うことに対する対他者評価について質問した。対他者評価とは，直接的いじめでは学級集団，関係性いじめでは仲間集団の評価である。評定は「すごくよいと思うだろう」（1点）から「すごくまずいと思うだろう」（7点）までの7件法で求めた。直接的いじめ否定規範意識（2項目）：C1「あなたが，クラスの誰かの嫌がることをして遊んでいたらクラスの多くの人は，どのように思うでしょうか」，C2「あなたが，クラスの誰かからお金を奪っていたらクラスの多くの人は，どのように思うでしょうか」。関係性いじめ否定規範意識（2項目）：K1「あなたが，友達を無視していたら仲良しグループの人は，どのように思うでしょうか」，K2「あなたが，友達を仲間はずれにしていたら仲良しグループの人は，どのように思うでしょうか」。

3）自己愛傾向尺度

相澤（2002）が作成した自己愛的人格尺度を参考に作成し，中学生に理解できる表現に改めた。21項目で質問し，評定は「あてはまらない」（1点）から「あてはまる」（5点）までの5件法で求めた。

4) 認知的共感性尺度

Davis（1994）の視点取得尺度，倉盛（1999）の認知的共感性尺度を参考に，項目を作成した。9項目で質問し，評定は「かなり違う」（1点）から「かなりそうだ」（5点）までの5件法で求めた。

5) 情動的共感性尺度

加藤・高木（1980）がQuestionnaire Measures of Emotional Empathy（QMEE；Mehrabian & Epstein, 1972）を基に作成した情動的共感性尺度から中学生が学校場面で経験することのない項目を除外し，中学生が日常的に接する対人設定に改めた。13項目で質問し，評定は「かなり違う」（1点）から「かなりそうだ」（5点）までの5件法で求めた。

Ⅳ 結 果

1．測定尺度

1) いじめ加害傾向

5項目の評定値について，主因子法・プロマックス回転による因子分析を行った。固有値の減退状況（2.51, .80, .66, .55…）と因子の解釈可能性に基づき，2因子解を採用した。第1因子は直接的いじめに関する項目から構成されるため「直接的いじめ加害傾向」と命名した。第2因子は，関係性いじめに関する項目から構成されるため「関係性いじめ加害傾向」と命名した。次に内的整合性を検討するためにα係数を算出した。その結果，「直接的いじめ加害傾向」ではα= .69，「関係性いじめ加害傾向」ではα= .62という値が得られ，一定の内的一貫性が示された（表10）。そこで，抽出された各項目の合計得点を，それぞれ，関係性いじめ加害傾向得点，直接的いじめ加害傾向得点とした。さらに，直接的いじめに対する規範意識の合計得点を，直接的いじめ否定規範意識得点（2項目，α= .50），関係性いじめに対する規範意識の合計得点を関係性いじめ否定規範意識得点（2項目，α= .88）とした。

表10 いじめ加害傾向の因子分析（主因子法・プロマックス回転）

項　　目			共通性
〈直接的いじめ加害傾向　α＝.69〉			
D1　Cは，ある友達から，「Dは気が弱くて断れないから，いつでもジュースやパンをおごってくれるよ」という情報を聞きました。そこでCはさっそくDに言って，ジュース代をもらいました。 あなたがCなら，Cと同じようなことをすると思いますか	.76	.00	.58
D2　Gは気の弱いHをみているとイライラします。ある日，Gはなんとなく Hの持ち物を取り上げました。 Hが「返して。」と言っても，Gはだれかにパスしてなかなか返しません。 毎日そうやってHで遊ぶと，Gは気分がスッキリします。 あなたがGなら，Gと同じようなことをすると思いますか	.62	.08	.46
D3　Iは，今日も英語のテストで100点をとり，授業中に先生からほめられていました。昼休みにJは，退屈だったので，「まじめ人間，ばんざい。」などと言って，Iをひやかしました。ところがIは，Jを相手にしませんでした。腹を立てたJは，仲間を増やしてIをひやかすようになりました。 あなたがJなら，Jと同じようなことをすると思いますか	.49	.04	.27
〈関係性いじめ加害傾向　α＝.62〉			
R1　Aの遊び仲間のBはとても自分勝手なので，AはBが大嫌いです。そこで，Aは他の友達に，「Bって，自分勝手でいっしょに遊んでいても，つまらないよね。 今度から，Bが遊びに来てもいっしょに遊ばないようにしよう」と言いました。 あなたがAなら，Aと同じようなことをすると思いますか	.02	.68	.48
R2　Eは遊び友達のFにすごく嫌なことを言われ，激しく怒っています。そこで，Eは友達に「Fがムカツクから，みんなで無視しよう」と言ってまわりました。 あなたがEなら，Eと同じようなことをすると思いますか	.06	.60	.42
寄与率（％）	38.2		
因子間相関	.73		

2）自己愛傾向尺度

　21項目の評定値について，主因子法・プロマックス回転による因子分析を行った。固有値の減退状況（4.95, 3.88, 1.86, 1.59…）と因子の解釈可能性に基づき，

表11　自己愛傾向尺度の因子分析（主因子法・プロマックス回転）

項目			共通性
〈過敏的自己愛傾向　α=.86〉			
人が大勢いると，うまく会話の中に入っていけない	.71	-.08	.50
気が弱い	.67	-.21	.46
少しでも批判されたり，非難されたりすると，ひどく動揺する	.63	.11	.43
無理して人に合わせようとして，疲れる	.63	.03	.40
人と自然に付き合えない	.61	-.03	.37
まわりの人に自分が変な人に思われているのではないかと不安になる	.61	.22	.45
決断力がない	.61	-.23	.39
自分が相手の人に嫌な感じを与えているのではないかと不安になる	.60	.07	.37
自分の意見が正しいと思っても強く主張できない	.58	-.16	.34
自分が他人にどのような印象を与えているのか，とても気になる	.53	.19	.34
〈誇大的自己愛傾向　α=.82〉			
自分にはもって生まれたすばらしい才能がある	-.08	.74	.54
自分にはどこか人をひきつけるところがあるようだ	-.13	.67	.45
自分自身では，要領もいいし賢さも備えていると思う	-.01	.62	.39
他の人とは違って，自分は特別な存在である	-.06	.59	.34
人の注目をあびるのが好きだ	-.06	.55	.30
必要ならば罪悪感を感じることなく，人を利用することができる	-.10	.52	.27
人々を従わせられるような権威をもちたい	.00	.51	.27
人からほめられたいという気持ちが強い	.21	.44	.26
自分の役に立つかどうかで友達を選ぶことは，いいことである	.06	.44	.20
人にバカにされたり，なめられたりすると，怒りを抑えられなくなる	.19	.40	.22
人に軽くあつかわれたことが，後々，腹が立ってしかたないことがある	.38	.40	.34
寄与率（%）	20.6	36.2	
因子間相関		.12	

2因子解を採用した。第1因子は「人が大勢いると，うまく会話の中に入っていけない」といった自己愛傾向における他者の評価に過敏で内気な性格を表す項目の負荷量が高いことから，「過敏的自己愛傾向」と命名した。第2因子は，「自分にはもって生まれたすばらしい才能がある」といった自己愛傾向における自己の重要性への誇大な感覚に関する項目の負荷量が高いことから，「誇大的自己愛傾向」と命名した。次に内的整合性を検討するためにα係数を算出した。その結果，「過敏的自己愛傾向」ではα=.86，「誇大的自己愛傾向」ではα=.82という値が得られ，十分な内的一貫性が示された（表11）。そこで，抽出された各項目の合計得点を，それぞれ，過敏的自己愛傾向得点，誇大的自己

愛傾向得点とした。

3) 共感性尺度

認知的共感性9項目と情動的共感性13項目についてそれぞれ探索的因子分析を行い，因子負荷量の高かった項目（認知的共感性5項目，情動的共感性8項目）を選別した。これらの項目をまとめて因子分析を行い，固有値の減衰状況 (4.08, 1.93, .93, .91…) と因子の解釈可能性に基づき2因子解を採用した。さらに，1つの因子に対して0.40以下の負荷量を示した項目および両方の因子に同程度の負荷量を示した項目を除外し，残った8項目で因子分析を行った。結果を表12に示す。内的整合性を検討するためにα係数を算出した。その結果，認知的共感性では$\alpha = .69$，情動的共感性では$\alpha = .67$という値が得られ，ある程度の内的一貫性が示された。

表12　共感性尺度の因子分析（主因子法・プロマックス回転）

	項目	F1	F2	共通性
	〈認知的共感性　$\alpha = .69$〉			
N1	自分は他人より人の気持ちを理解しようと心がけている	.64	.17	.47
N2	自分はあまり話さない人であっても，その人の表情や態度から心の中を想像してみることがある	.62	-.17	.38
N3	自分は親友と意見が合わないときには，どうして親友がそうした意見を持つのか考えてみる	.55	-.04	.30
N4	自分はたとえ嫌いな人でも，話をする時には相手の気持ちを理解しようとする	.54	.16	.34
N5	自分は口に出して言わなくても，親友ならば何を考えているのか大体わかる	.48	-.14	.23
	〈情動的共感性　$\alpha = .67$〉			
J1	自分はクラスメイトが学校の行事で大失敗しても，それはその人の問題で自分には関係のないことだと思う*	-.02	.68	.46
J2	自分は嫌いな人が困っているのを見ると嬉しくなる*	.06	.64	.42
J3	自分はクラスメイトがいじめられているのを見ても，冷静でいられる*	-.12	.60	.35
	累積寄与率 (%)	21.3	36.8	
	因子間相関		.14	

*は逆転項目である。

2．調査に用いた各尺度間の2変量相関

本研究で使用した過敏的自己愛傾向，誇大的自己愛傾向，認知的共感性，情動的共感性，関係性いじめ否定規範意識，直接的いじめ否定規範意識，関係性いじめ加害傾向，直接的いじめ加害傾向の記述統計（表13）と各変数間の相関係数を算出した（表14）。

いじめ否定規範意識（関係・直接）と他尺度との関連については，誇大的自己愛傾向と各いじめ否定規範意識（関係・直接）との間にやや低い負の相関が認められた（仮定1，4）。なお，認知的共感性と，関係性いじめ否定規範意識との間にやや低い正の相関が，情動的共感性と各いじめ否定規範意識（関係・直接）との間にやや低い正の相関が認められた。

いじめの加害傾向（関係・直接）と他尺度との関連については，各いじめ加害傾向（関係・直接）と各いじめ否定規範意識（関係・直接）との間に中程度の負の相関が認められた（仮定3，6）。また，情動的共感性と関係性いじめ

表13　本研究で使用した尺度の平均値と標準偏差

$N=188$	M	SD
過敏的自己愛傾向	29.72	8.53
誇大的自己愛傾向	26.35	8.20
認知的共感性	16.13	3.76
情動的共感性	10.54	2.73
関係性いじめ否定規範意識	11.47	2.32
直接的いじめ否定規範意識	12.48	1.74
関係性いじめ加害傾向	4.14	1.51
直接的いじめ加害傾向	4.53	1.72

表14　調査に用いた各尺度の2変量相関

$N=188$	誇大的自己愛	認知的共感性	情動的共感性	関係性いじめ否定規範意識	直接的いじめ否定規範意識	関係性いじめ加害傾向	直接的いじめ加害傾向
過敏的自己愛	.15*	.12	-.07	.10	-.02	-.04	-.05
誇大的自己愛		-.03	-.27***	-.35***	-.23**	.27***	.28***
認知的共感性			.07	.25**	.07	-.21**	-.26***
情動的共感性				.25**	.26**	-.25***	-.24**
関係性いじめ否定規範意識					.62***	-.38***	-.35***
直接的いじめ否定規範意識						-.33***	-.45***
関係性いじめ加害傾向							.52***

***$p<.001$，**$p<.01$，*$p<.05$

加害傾向との間（仮定2）および情動的共感性と直接的いじめ加害傾向との間にやや低い負の相関が示された。認知的共感性と，直接的いじめ加害傾向（仮定5）および認知的共感性と関係性いじめとの間に低い負の相関が認められた。さらに，誇大的自己愛傾向と各加害傾向（関係・直接）との間に低い正の相関が認められた（仮定1，4）。

　過敏的自己愛傾向については，各いじめ否定規範意識（関係・直接）および各いじめ加害傾向（関係・直接）との間に有意な関連がみられなかったため，以後の分析から除外することにした。

3．いじめの個人内生起モデルの検討

　誇大的自己愛傾向，認知的共感性，情動的共感性が各いじめ否定規範意識（関係・直接）と各いじめ加害傾向（関係・直接）に与える影響過程モデルを，表14の相関と問題部分の仮定を考慮した因果モデルを構成し，Amos 7.0を用いた最尤推定法による構造方程式モデリングによって検討した。誇大的自己愛傾向は11項目の合計値を用いている。なお，各いじめ否定規範意識（関係・直接）

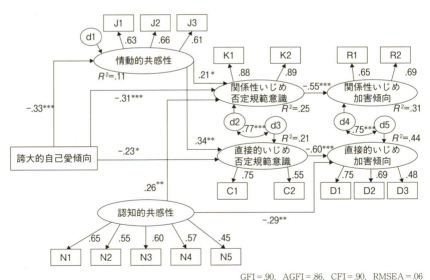

GFI = .90，AGFI = .86，CFI = .90，RMSEA = .06
図10　個人内いじめ生起モデル（観測変数の誤差項は省略）

と各加害傾向（関係・直接）に関しては，今回測定した以外の共通した影響要因（たとえば，日常的な教師の指導や人権学習の影響など）が仮定されるので誤差に相関をもたせた。モデルの解釈可能性と適合度検定の結果を検討し，図10（GFI = .90, AGFI = .86, CFI = .90, RMSEA = .06）のモデルを採用した。標準化された因果係数，決定係数を図10に示す。

1） 関係性いじめ否定規範意識，直接的いじめ否定規範意識に関わる要因

仮定した通り，誇大的自己愛傾向から関係性いじめ否定規範意識へのパス係数（－.31, $p<.001$）と，直接的いじめ否定規範意識へのパス係数（－.23, $p<.05$）が有意であった。また，最終モデルによると，情動的共感性から関係性いじめ否定規範意識へのパス係数（.21, $p<.05$）と，直接的いじめ否定規範意識へのパス係数（.34, $p<.01$）が有意であり，認知的共感性から関係性いじめ否定規範意識へのパス係数（.21, $p<.05$）も有意であった。

2） 関係性いじめ加害傾向，直接的いじめ加害傾向に関わる要因

仮定していた関係性いじめ否定規範意識から関係性いじめ加害傾向へのパス係数（－.55, $p<.001$）と，直接的いじめ否定規範意識から直接的いじめ加害傾向へのパス係数（－.60, $p<.001$）が有意であった。また，仮定していた認知的共感性から直接的いじめ加害傾向へのパス係数（－.29, $p<.01$）も有意であった。

なお，パス係数の値が低いことと，適合度検定の結果から，仮定していた誇大的自己愛傾向から各加害傾向（関係・直接）への直接効果と，情動的共感性から関係性いじめ加害傾向への直接効果は最終モデルにおいて削除した。

V 考　察

本章の目的は，自己愛傾向，認知的共感性，情動的共感性が，関係性いじめと直接的いじめにおける生徒のいじめ否定規範意識および加害傾向に与える影響について明らかにし，各いじめの個人内生起メカニズムについて検討することであった。その結果，関係性いじめの加害傾向に直接影響を与える要因は，

関係性いじめ否定規範意識であった。仮定した通り，関係性いじめに対する仲間の集団規範を低く見積もっている生徒ほど，関係性いじめ加害傾向が高いことが示された。また，直接的いじめの加害傾向に直接影響を与える要因は，直接的いじめ否定規範意識と認知的共感性であった。仮定した通り，学級の直接的いじめに対する集団規範を低く見積もっている生徒ほど，また認知的共感性の低い生徒ほど，直接的いじめ加害傾向が高いことが明らかになった。本章で検討したなかでいじめの加害傾向に比較的強い影響を及ぼしていた要因は，いじめに対する否定的な規範意識であった。内藤（2001）は，いじめは加害者自身が大きな損失を被ってまで特定の個人をいじめ続けるといったことはほとんどなく「やっても大丈夫」「やったほうがむしろ得だ」という利害構造に支えられて蔓延・エスカレートすることを指摘している。友人関係を良好に保つことは，生徒にとって自らの学校適応を左右する大きな要因であり（大久保，2005），いじめ行為が集団規範から逸脱し，他生徒の不評を招くと判断する生徒ほど，いじめの加害傾向が低いという本章の結果は，いじめ行為の実行と利害意識との関連を裏付けるものである。

　また，認知的共感性は従来から直接的攻撃との負の関連が指摘されている（Dodge & Frame, 1982；Hudley & Graham, 1993；Miller & Eisenberg, 1988）。本章でも，認知的共感性が直接的いじめ加害傾向を抑制するという効果が示された。関係性いじめでは，認知的共感性との直接的な関連が見いだされなかったことから，問題と目的で述べたように，関係性いじめは相手の立場や気持ちを理解できないために，加害行動をとるわけではないことが示唆された。したがって，学校現場で従来から行われている被害者の気持ちを加害者に理解させることでいじめを防止しようとする指導法は，主に直接的いじめの防止効果が期待できるものであるといえる。

　適合したモデルでは，仮定していた情動的共感性から関係性いじめ加害傾向への直接効果は認められなかった。通常，加害者が攻撃を加えた対象者の苦痛を意識することは，攻撃を止める方向に働く（Baron, 1971a, 1971b；Miller & Eisenberg, 1988）。しかし，自分が攻撃を加えた相手から，事前に挑発や侮辱を受け，相手に対して敵意を抱いている場合は，相手の苦痛を意識することが必ずしも攻撃を止める方向に働かないことを示す研究もある（Baron, 1974；

Hartman, 1969)。これは，攻撃対象に敵意を抱くことで，攻撃の目的が相手に苦痛を与えることとなり，対象者の苦痛を意識することが攻撃行動の強化刺激の働きをするためである（Baron, 1974）。本研究で測定した関係性いじめ加害傾向の項目は全て，被害者となる相手への怒り感情から生起するいじめ場面であった。そのため，情動的共感性が被害者に苦痛を与えることに対する抑制要因として十分に機能せず，関係性いじめ加害傾向との関連が見いだされなかった可能性がある。今後，怒りに基づいた制裁的ないじめ場面だけでなく，享楽的ないじめ場面や，異質性を排除するためのいじめ場面などにおける情動的共感性の効果について検討する必要がある。

　関係性いじめ否定規範意識と直接的いじめ否定規範意識に影響を及ぼす共通の要因は，誇大的自己愛傾向と情動的共感性であった。誇大的自己愛傾向は，仮定した通り，それが高い生徒ほどいじめ否定規範を低く認識する傾向が認められた。これは，誇大的自己愛傾向の高さによる特権意識が強く，自分の期待に他者が従うべきだと考える傾向が，集団規範への意識を低くするためであると考えられる（APA, 2000）。また，仮定していた誇大的自己愛傾向から各加害傾向（直接・関係）への直接効果が示されず，各いじめ否定規範意識（直接・関係）を媒介して影響していたことは，いじめが衝動的というよりは，周囲の状況を加味し，計画的に行われる攻撃行動であることを示唆していると考えられる。

　なお，過敏的自己愛傾向については，本章の加害傾向やいじめ否定規範意識との関連は見いだされなかった。しかし，過敏的自己愛傾向には様々な尺度があり，本研究で参考にした相澤（2002）の尺度は対人恐怖傾向を基にしたものであるが，たとえば中山・中谷（2006）は青年期の過敏型の自己愛を評価過敏性として測定している。こうした他者の評価を肯定的なものに維持することで自己愛を保つ傾向は，同調的にいじめを行う傾向と関連する可能性があるため，今後検討する必要があると考えられる。

　また，情動的共感性も各いじめ否定規範意識（直接・関係）に影響を及ぼしており，情動的共感性が低い生徒ほど，各いじめ否定規範（直接・関係）を低く認識していることが示された。石川・内山（2002）は，青年期の学生の罪悪感と情動的共感性との関連を検討し，情動的共感性が低い者ほど対人場面の罪

悪感が低いことを明らかにしている。情動的共感性が低い生徒は，被害者の示す苦痛に情動的に反応しにくく，いじめに対しての罪悪感も弱いため，仲間も自分と同じように考えるだろうと，自分の気持ちを仲間集団に一般化し，いじめに否定的な集団規範を低く認識する可能性があると考えられる。

　なお，認知的共感性は，それが高い生徒ほど，関係性いじめに否定的な仲間集団の規範を高く意識している傾向が認められた。春木・岩下（1975）によると，認知的共感性は集団規範を内在化するための重要な要因であり，その際の共感とは，規範から導かれる行為の予期と信頼を全成員に投射し，全成員もまた自分に対しそのような予期と信頼をいだいていると思うことであるという。すなわち，認知的共感性が高い生徒は，他者の気持ちを理解しようとする傾向が強いため，日常生活の中で仲間が関係性いじめを行わないという予期と信頼を抱きやすく，また，自分が関係性いじめを行わないことを仲間から期待されていると感じやすいため，他者の気持ちへの関心が薄い認知的共感性の低い生徒よりも，関係性いじめ否定規範を内在化しやすいのだと考えられる。

第5章　仲間のいじめに対する集団規範に影響を与える要因

Ⅰ　いじめと仲間集団の規範

　中学生の友人関係の良好さは，学校適応感と強い関連を示すことが明らかにされている（大久保，2005）。また，この時期は青年前期にあたり，同世代に強い影響を受ける時期でもある（森田ら，1999；落合・佐藤，1996）。すなわち，この時期にいじめの加害者に最も影響を与える集団とは，その生徒の仲間集団であると考えられる。仲間集団の集団規範がいじめを容認していれば，仲間内でいじめが生起したとしても他のメンバーからの社会的圧力に逆らっていじめを制止しようとすることは難しい。また，いじめを是とする仲間集団の期待に応えるために積極的にいじめを行おうとする生徒が現れる危険性もある。すなわち，仲間内でいじめの発生を防ぐためには，生徒の周囲に存在する集団規範がいじめに否定的なものである必要がある。しかし，いじめに否定的な仲間集団の規範（以下，いじめ否定仲間規範と略記）について，特にその形成を促進・抑制する要因について研究したものは，あまりみられない。

　そこで，本章では中学生のいじめ否定仲間規範について注目し，どのような背景要因がいじめ否定仲間規範の高低を規定するのかを明らかにすることで，いじめの予防に関する有効な知見を提供することを目的とする。

Ⅱ　仲間集団の規範に影響を与える要因

　本章では，いじめ否定仲間規範に関連する要因について検討する際に「仲間集団に所属する成員の対人的な信念から形成された態度が，いじめ否定仲間規

範に影響を及ぼす」と仮定し,対人的な信念として「信頼感・裏切られ不安」を,態度として「学級享受感」と「仲間集団排他性」を取り上げる。

　学級享受感とは「生徒が学級生活を楽しんでいる傾向」と定義されるものである。仲間はずれにする,無視する,陰口をいうなどの間接的いじめを行う生徒は,学校での劣等感や弱小感,無力感などを回復することを目的としたいじめを行う傾向があるという（佐藤,1997）。さらに,学校への適応感が低く,学校に否定的な生徒ほど,暴力や逸脱行動に対する欲求が高く,規範意識が低いことも明らかにされており（小嶋・松田,1999），生徒の学級生活上の不満が,いじめを容認する規範を作り出すことが予測される。

　仲間集団の排他性とは「自分の仲間であるかどうかによって相手に対する態度を変えたり,自分の仲間と活動することに比べ,仲間以外の児童と活動することを楽しくないと感じたりする傾向」をいう（三島,2003）。排他性には集団間の結束を高めるという肯定的な側面もあるが,集団外の成員との交流が阻害されるという負の側面もある。すなわち,排他性の高い仲間集団に所属している生徒は,日常的に仲間以外の生徒と関わる機会が乏しいため,現在の仲間集団と縁を切って他の集団に入ることが難しい状況にある。このように,他に行き場がなく,現在の仲間集団と共に学級生活を送らないと孤立してしまう環境では,仲間集団の意向に背くコストが高くなり,仲間集団内で発生したいじめを制止することが難しくなると考えられる。また,Grotpeter & Crick（1996）は,仲間集団内で無視や仲間はずれを行う児童と排他性との関連について検討し,友人関係を攻撃手段に利用する児童は排他性が高いことを示している。さらに,三島（2003）は,親しい友人をいじめた経験のある児童と排他性との関連について検討し,児童の排他性が男女にかかわらず親しい友人をいじめた体験と関連することを示している。すなわち,排他性の高い集団では,いじめ否定仲間規範は低くなることが予測される。

　天貝（1995）は高校1年生を対象に信頼感尺度を作成し「不信」「自分への信頼」「他人への信頼」の3因子を抽出している。本章で取り上げる信頼感は「他人への信頼」に,裏切られ不安は「不信」に基づいており,特定の他者および,人一般を対象としている。ただし,「他人への信頼」という因子名は,「自分への信頼」について取り上げない本章では,自他の区別をする必要がないため「信

頼感」と表記し,「不信」という因子名は,信頼感が1因子構造であり,それが低い状態であるという誤解を招く可能性があるため,「裏切られ不安」と表記した。信頼感は,精神的健康にポジティブな影響を及ぼすことが注目されており,たとえば,親友との信頼関係が高い生徒は,低い生徒と比較して学校適応の指標の一つであるリラックスした気分が高いことが示されている(酒井・菅原・眞榮城・菅原・北村,2002)。また,教師への信頼感が高い生徒は,学校でのネガティブな感情が低減され,学校適応に正の影響を及ぼすということが明らかになっている(Lee, 2007)。すなわち,信頼感が高い生徒は低い生徒と比較して,より学級享受感が高いことが予測される。

　裏切られ不安と排他性との関連は,信頼の「解き放ち」理論(山岸,1998)によって説明される。この理論によると,人は信頼が高いと関係を強化すると同時に拡張しようとする反面,信頼が低い時には対人関係を固定化することで社会的不確実性を低減しようとする。すなわち,仲間集団の排他性を高め,他の成員を寄せ付けないほうが,所属成員について多量の情報を蓄積することが可能になり,裏切りについての予防的処置が行いやすくなる。ゆえに,裏切られ不安が高い生徒は,安心して学校生活を送れる環境を作るために,仲間集団の排他性を高めようとすることが予測される。相馬・浦(2007)は,大学生を対象に一般的信頼感が低い者が高い者よりも排他的な行動をとりやすいことを明らかにしている。しかし,これまでに中学生を対象に信頼感と仲間集団の排他性との関連を検討した研究はみられない。

　上述したことから,以下の仮説が予測されるため,本章では,図11のような要因モデルを,いじめが顕著な時期である中学生を対象に検討する。なお,中学生の友人関係は,男女で質的に異なることが様々な研究で明らかにされているため(榎本,1999；小保方・無藤,2005；柴橋,2001),モデルの検討は男女別に行うことにする。

仮説1　信頼感が高いほど,学級享受感が高くなる。
仮説2　裏切られ不安が高いほど,仲間集団排他性が高くなる。
仮説3　学級享受感が高いほど,いじめ否定仲間規範が高くなる。
仮説4　仲間集団排他性が高いほど,いじめ否定仲間規範が低くなる。

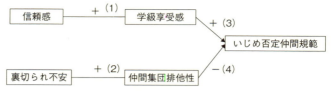
※図中の番号は仮説番号と対応する。
図11 いじめに否定的な仲間集団の規範に影響を及ぼす要因モデル

Ⅲ 方 法

1．調査対象

　私立中学校12クラス，361名を調査対象とした。調査時期は2005年10月であった。調査は担任によって集団で実施され，回答は全て匿名で行われた。なお，本章は仲間集団の規範について検討するものであるため，自分の所属する仲良しグループの友人数を尋ねる質問項目を加え，3人以上10人未満の仲間が存在すると答えた生徒のみを分析対象者として選出した。不完全回答者を除外し，288名（男子181名，女子107名）を分析対象者とした。

2．調査内容

　本研究で使用された尺度は以下のものである。

1）いじめに否定的な仲間集団の規範の測定

　大西（2007）を参考に，具体的ないじめ行動を行うことと，所属する仲間集団の友人がいじめを行った時にそれを制止することに対する仲間集団の評価について10項目で質問した（表15参照）。作成した10項目の妥当性については，心理学を専攻する大学院生12名の確認を受けた。そこで問題が指摘された項目は修正を行った。評定は「とてもいいと思うだろう」から「すごくまずいと思うだろう」の7件法で求めた。

2）学級享受感尺度

古市・玉木（1994）が作成した学校享受感尺度の場面を学級に置き換え，中学校の教師3名と相談し，質問が具体性に欠け，意味内容が他と重複していると判断された1項目「このクラスでは楽しいことがたくさんある」を除去した9項目（表16参照）。5件法で尋ねた。

3）信頼感・裏切られ不安尺度

天貝（1995）の他人への信頼尺度と不信尺度を参考に，中学生の信頼感と裏切られ不安に関する項目を作成した。また，作成した12項目の妥当性については，心理学を専攻する大学院生12名の確認を受けた。そこで問題が指摘された項目は修正を行った。評定は5件法で尋ねた（表17参照）。

4）仲間集団排他性尺度

三島（2003）が作成した排他性尺度を参考に，仲間集団と仲間集団に所属する本人の排他性に関する11項目を作成し，心理学を専攻する大学院生12名および中学校教師2名の確認を受けた（表18参照）。問題が指摘された項目は修正を行った。評定は5件法で尋ねた。

Ⅳ　結　果

1．測定尺度

1）いじめに否定的な仲間集団の規範

10項目の評定値について，主因子法・プロマックス回転による因子分析を行った（表15）。固有値の減退状況（4.58, 1.56, .93, .72…）と因子の解釈可能性に基づき，2因子解を採用した。第1因子は「気にいらない人の悪口をわざと本人に聞こえるように言うこと」といったいじめ加害行動に対する仲間の評価を尋ねる項目の負荷量が高いことから，「いじめ否定仲間規範」と命名した。第2因子は，「誰かの持ち物を隠している人に，やめるように注意をすること」といったいじめ加害を阻止する行動に対する仲間の評価を尋ねる項目の負荷量が高いことから，「いじめ制止仲間規範」と命名した。次に内的整合性を検討

表15 いじめに否定的な仲間集団の規範の因子分析（主因子法・プロマックス回転）

項　目	F1	F2	共通性
〈いじめ否定仲間規範　α＝.86〉			
気にいらない人の悪口をわざと本人に聞こえるように言うこと	.87	-.05	.71
気にいらない人の持ち物に悪意のある落書きをすること	.85	-.10	.64
休み時間に遊ぶとき，気に入らない人を仲間はずれにすること	.79	.01	.64
気にいらない人を，みんなで無視すること	.75	.05	.61
気にいらない人をおどして，お金や持ち物をうばうこと	.59	.01	.35
〈いじめ制止仲間規範　α＝.88〉			
誰かの持ち物を隠している人に，やめるように注意をすること	.03	.80	.68
仲間はずれをしている人たちに，やめるように注意をすること	.09	.78	.69
数人で誰かをなぐっている人をみて，先生を呼びに行くこと	-.00	.67	.45
みんなから無視されている人と，普通に話をすること	.06	.59	.40
誰かを仲間はずれにするときに，参加しないこと	-.17	.42	.12
累積寄与率（%）	41.7	52.7	
因子間相関		.58	

するためにα係数を算出した。その結果，「いじめ否定仲間規範」ではα＝.86，「いじめ制止仲間規範」ではα＝.88という値が得られ，十分な内的一貫性が示された。抽出された各項目の合計得点を，いじめ否定仲間規範得点，いじめ制止仲間規範得点とした。

2）学級享受感尺度

9項目の評定値について主因子法による因子分析を行った（表16）。固有値の減退状況（5.31, .99, .57…）と因子の解釈可能性に基づき，古市・玉木（1994）の学校享受感尺度と同様，1因子解を採用した。内的整合性を検討するためにα係数を算出した。その結果，α＝.90という値が得られ，十分な内的一貫性が示された。そこで，抽出された各項目の合計得点を学級享受感得点とした。

3）信頼感・裏切られ不安尺度

12項目の評定値について，主因子法・プロマックス回転による因子分析を行った（表17）。固有値の減退状況（4.32, 1.58, .91, .77…）と因子の解釈可能性に基づき，2因子解を採用した。第1因子は「人間は信頼できるものだと思う」

表16 学級享受感尺度の因子分析（主因子法）

項目	
〈学級享受感　α＝.90〉	
私は，このクラスが好きだ	.85
このクラスは楽しくて，一日があっという間にすぎてしまう	.84
私は毎朝，クラスへ行くのが楽しみだ	.84
このクラスは楽しいので，少しくらい体の調子が悪くても学校に行きたい	.79
日曜日の夜，また明日からこのクラスかと思うと気が重くなる*	.70
このクラスにいるのが嫌なので，授業が終わったらすぐに家に帰りたい*	.67
今のクラスは楽しいので，いつまでもこのクラスにいられたらよいのにと思う	.66
このクラスがなければ，毎日はつまらないと思う	.63
このクラスでは，嫌なことばかりある*	.61
累積寄与率（％）	54.3

*は逆転項目である。

表17 信頼感・裏切られ不安尺度の因子分析（主因子法・プロマックス回転）

項目	F1	F2	共通性
〈信頼感　α＝.86〉			
人間は信頼できるものだと思う	.77	-.01	.60
これまでに出会ったほとんどの人は私によくしてくれた	.67	.01	.44
私はクラスに信頼できる友達がいる	.66	.05	.40
まわりのほとんどの人は私を信頼してくれている	.63	-.01	.41
たいていの人はお互いに正直で，誠実でいたいと思っている	.59	.12	.28
普通にしていれば，この先の人生でも信頼できる人に出会えるように思う	.54	-.12	.38
私は多少のことがあっても友達との信頼関係をたもてる	.46	-.23	.38
〈裏切られ不安　α＝.82〉			
私はなぜか人に対して疑い深くなってしまう	.10	.72	.45
今は心から頼れる人にもいつか裏切られるかもしれないと思う	-.05	.61	.41
過去に，だれかに裏切られたりだまされたりしたので，人を信じるのが怖くなっている	.03	.61	.35
気をつけていないと，人は私の弱みにつけ込もうとするだろう	-.03	.58	.36
人は自分のためなら簡単に相手を裏切ることができるだろう	-.01	.51	.27
累積寄与率（％）	31.1	39.2	
因子間相関		-.56	

といった人への信頼に関する項目の負荷量が高いことから，「信頼感」と命名した。第2因子は，「私はなぜか人に対して疑い深くなってしまう」といった人に裏切られることを恐れる項目の負荷量が高いことから，「裏切られ不安」

と命名した。次に内的整合性を検討するためにα係数を算出した。その結果,「信頼感」では α = .86,「裏切られ不安」では α = .82という値が得られ,十分な内的一貫性が示された。抽出された各項目の合計得点を,それぞれ,信頼感得点,裏切られ不安得点とした。

4) 仲間集団排他性尺度

11項目の評定値について主因子法による因子分析を行った。固有値の減退状況(3.52, 1.20, .94…)と因子の解釈可能性に基づき,三島(2003)と同様に1因子解を採用した。因子負荷量が.40未満の3項目を除外し,再び因子分析を行った(表18)。内的整合性を検討するためにα係数を算出した。その結果,α = .80という値が得られ,十分な内的一貫性が示された。そこで,抽出された各項目の合計得点を,仲間集団排他性得点とした。

2. 調査に用いた各尺度間の2変量相関

因子分析の結果として得られたいじめ否定仲間規範,いじめ制止仲間規範,仲間集団排他性,信頼感,裏切られ不安,学級享受感の各変数間の相関係数を男女別に算出した(表19, 20)。男女共に,信頼感と学級享受感で中程度の正

表18 仲間集団排他性尺度の因子分析(主因子法)

項　　　目	
〈仲間集団排他性　α =.80〉	
私は友だちと遊んでいるとき,自分の友だちではない子も一緒に遊んでいると楽しくない	.68
仲良しグループの人たちは,友だちと遊んでいるとき,友だちではない子も一緒に遊んでいると楽しくないと思う	.59
自分のいちばん大切な友だちが,ほかの子と楽しそうに話をしているのを見ると,なんだか嫌な気分になる	.57
仲良しグループの人たちは,あまり他のグループの子とは話さない	.56
私は自分のいちばん大切な友だちを,他の子にとられそうで心配になる	.55
今の仲良しグループが好きなので,新たなメンバーは入らないほうがいい	.54
仲良しグループの人たちは,気持ちの中で友だちと友だちではない子をはっきりと分けていると思う	.53
自分は,あまり他のグループの子とは話さない	.53
私は自分の気持ちの中で,自分の友だちと友だちではない子をはっきりとわけている	.50
累積寄与率(%)	31.6

表19 調査に用いた各尺度間の2変量相関（男子）

N=231	いじめ制止 仲間規範	仲間集団 排他性	信頼感	裏切られ不安	学級享受感
いじめ否定仲間規範	.48***	-.15*	.23***	-.20**	.21**
いじめ制止仲間規範		-.34***	.23***	-.35***	.29***
仲間集団排他性			-.18**	.45***	-.31***
信頼感				-.45***	.60***
裏切られ不安					-.49***

***$p<.001$, **$p<.01$, *$p<.05$

表20 調査に用いた各尺度間の2変量相関（女子）

N=122	いじめ制止 仲間規範	仲間集団 排他性	信頼感	裏切られ不安	学級享受感
いじめ否定仲間規範	.47***	-.19*	.36***	-.20*	.50***
いじめ制止仲間規範		-.31***	.33***	-.26***	.44***
仲間集団排他性			-.29**	.38***	-.35***
信頼感				-.47***	.54***
裏切られ不安					-.32***

***$p<.001$, **$p<.01$, *$p<.05$

の相関が認められ，信頼感が高いほど学級享受感が高い傾向がみられた。また，裏切られ不安と仲間集団排他性との間に，女子ではやや低い正の相関が認められ，男子では中程度の正の相関が認められ，裏切られ不安が高いほど仲間集団排他性が高い傾向がみられた。学級享受感といじめ否定仲間規範との間には，男子では低い正の相関が，女子では中程度の正の相関が認められ，学級享受感が高いほどいじめ否定仲間規範が高い傾向がみられた。仲間集団排他性といじめ制止仲間規範では，男女共にやや低い負の相関が示され，仲間集団排他性が高いほどいじめ制止仲間規範が低い傾向がみられた。いじめ否定仲間規範といじめ制止仲間規範との間には，男女共に中程度の正の相関が認められ，いじめ否定仲間規範が高いほどいじめ制止仲間規範が高い傾向がみられた。

3．いじめに否定的な仲間集団規範に影響を及ぼす要因の検討

　信頼感，裏切られ不安，仲間集団排他性，学級享受感が，いじめ否定仲間規範といじめ制止仲間規範に与える影響過程モデルを，表19，20の相関分析の結

果と問題部分の仮説を考慮した因果モデルを構成し，最尤推定法による構造方程式モデリングによって検討した。モデルの解釈可能性と適合度検定の結果を検討し，男子は，図12（$\chi^2(6) = 7.491$, $p<.28$, GFI = .990, AGFI = .963, CFI = .996, RMSEA = .033），女子は，図13（$\chi^2(7) = 4.891$, $p<.67$, GFI = .987, AGFI = .961, CFI = 1.000, RMSEA = .000）のモデルを採用した。標準化された因果係数，決定係数を図12, 13に示す。

採用されたモデルでは，信頼感から学級享受感へのパスが有意であり，正の

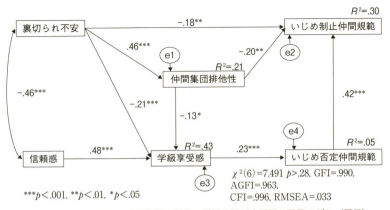

図12　いじめに否定的な仲間集団の規範に影響を及ぼす要因の因果モデル（男子）

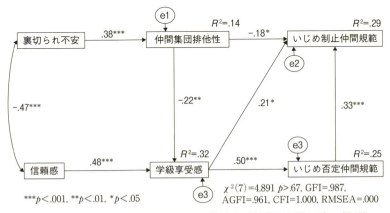

図13　いじめに否定的な仲間集団の規範に影響を及ぼす要因の因果モデル（女子）

影響が認められた（男子 .48, $p<.001$, 女子 .48, $p<.001$）。すなわち，仮説1は支持された。なお，裏切られ不安から仲間集団排他性へのパスも有意であり，正の影響が認められた（男子 .46, $p<.001$, 女子 .38, $p<.001$）。ゆえに仮説2は支持された。さらに，学級享受感から，いじめ否定仲間規範へのパス係数も有意であり正の影響が認められたため（男子 .23, $p<.001$, 女子 .50, $p<.001$），仮説3は支持された。最後に，仲間集団排他性からいじめ制止仲間規範へのパス係数も有意であり，負の影響が認められたため（男子 -.20, $p<.01$, 女子 -.18, $p<.05$），仮説4は支持された。

Ⅴ 考 察

　本章の目的は，信頼感と裏切られ不安が学級享受感と仲間集団排他性を媒介し，いじめ否定仲間規範およびいじめ制止仲間規範に与える影響について検討することであった。

　モデルについて検討し，男女共に信頼感は学級享受感を高めることで，いじめ否定仲間規範を高くするという間接的な効果があることが明らかになった。信頼感が高い生徒ほど学級生活を楽しんでいることが示された本章の結果は，友人関係の満足感が学級生活への適応に大きく関与するという大久保（2005）の研究と一致するものである。信頼感が高い者は，信頼感が低い者と比較して対人問題を抱えることが少ないといわれている（Gurtman, 1992）。安心して互いに個性を認め合うことができる信頼感の高い生徒が所属する仲間集団では，対人問題が生起しにくく，たとえ問題が生じたとしても話し合いなどで平和的に問題が解決されるため，学級生活を楽しむことができるのだと考えられる。

　裏切られ不安は，男女共に仲間集団排他性を高めることで，いじめ制止仲間規範を低くするという間接的な影響を与えていた。人に裏切られることを恐れる生徒ほど，仲間以外の人間を排斥する傾向があることが本章でも示されたといえる。現代のいじめは，身体的な弱者よりもむしろ種々の同調行動からの逸脱者が，いじめの標的にされる傾向がある（竹村・高木, 1988）。この背景には，自分とは異なる行動や価値観を示す他者への不信感が存在すると考えられる。本章の結果は，他者を信頼できない生徒ほど，自らが安心して生活するために，

対人的情報をより確実に把握できる排他性が高い仲間集団に所属し，たとえ仲間が反社会的な行動をとっていても仲間の意向には逆らわずに学校生活を送っていることを示唆している。また，いじめに同調的な態度をとる生徒の友人関係は，競争的・非共感的であるということ（杉田・若松・杉山・菊地・片岡・菊地・寺田，1989）を踏まえると，彼らの不安とは，いつ自分が仲間から攻撃対象になるか分からないという不安でもあるだろう。この不安を解消するために，仲間集団内の社会的立場の弱い成員をスケープゴートに，いじめが発生する可能性もある。教師は対人関係の不安が強いことが原因でいじめを行う生徒には，適切に自らの不安を解消できるように，スクール・カウンセラーなどの心理臨床的な援助につなげることが重要である。

　学級享受感は男女共に，いじめ否定仲間規範を高める効果があることが確認され，学級生活を楽しんでいる生徒が所属する仲間集団ほど，いじめに否定的な規範をもつ傾向が認められた。岡安・高山（2000）は，無視や悪口によるいじめの加害経験をもつ生徒は，加害経験をもたない生徒と比較して学校ストレスが高いことを示している。また，仲間集団内のいじめは，生徒がもつ漠然とした不満の原因が，特定の友人に帰属されることで生起するといわれている（三島，1997）。本章の結果はこれらを支持するものであり，個々の生徒が学級生活を楽しめるように配慮した学級運営を行うことで，いじめに否定的な仲間集団の規範構築が促進されることが示された。

　仲間集団排他性は男女共に，いじめ制止仲間規範を低くするという影響がみられた。この結果は，排他性の高い集団にいじめが多いことを示した Grotpeter & Crick（1996）や三島（2003）の先行研究と一致するものである。仲間集団排他性が高いと，いじめ制止仲間規範が低くなる原因として，前述した孤立のリスクが高まることの他に，集団規範のコントロールが容易になることが考えられる。集団規範とは成員の相互作用によって意識され，構築されるものである。すなわち，仲間集団外の生徒と接する機会が少なく，仲間集団の規範のみを意識する生活環境では，仲間集団の都合に合わせて規範が柔軟に変化し，仲間の多数派の利益と合致すれば反社会的行動でさえも容認する集団規範が比較的簡単に形成されてしまう。いじめは社会的強者から社会的弱者に対して行われるため，このような集団で仲間のいじめを制止することは，被害者

一人を救うために集団の利益（いじめによるストレス発散など）を阻害する行為と捉えられる可能性がある。したがって，教師によってメンバーを振り分けたグループで協同作業を行うなど，生徒が仲間集団以外の学級メンバーと交流する機会を定期的に作り，仲間集団の排他性を低くすることが，仲間集団内で行われるいじめを防止する上で有効であると考えられる。

　なお，男女共にいじめ否定仲間規範がいじめ制止仲間規範に最も強い影響を与えており，いじめに否定的な仲間規範は，いじめを制止することに対する仲間規範を高める効果があることが示された。近年，いじめ防止法の一つに，ピアサポートの利用が注目されているが（Boulton, 2005；Cowie & Olafsson, 2000；伊藤，2007），本章の結果から，生徒代表によるいじめへの介入や，生徒の相互監視によるいじめの早期解決を効果的に行うためには，いじめに否定的な集団規範が周囲に形成されている必要があることが明らかになった。

　本章では男女別にモデルの検討を行った。その結果，男女でほぼ同様のメカニズムが示されたが，一部，若干の違いがみられた。まず，モデルでは女子においてのみ，学級享受感がいじめ制止仲間規範を高める効果が示された。ここで示された相違は，男子は友人との同一行動を重視した関係を築こうとするが，女子は親密性を高めることを目的に互いの類似性を重視する（榎本，1999）という友人関係の質の違いが関連していると考えられる。本研究で測定したいじめ制止仲間規範とは，所属する仲間集団でいじめが行われた時に，それを制止することについての仲間の評価を測定している。すなわち，いじめを制止することは仲間との意見の違いを示すことになり，学級を楽しめていない女子には特に許せない行為として認識されるのだろう。また，裏切られ不安が，いじめ制止仲間規範を低くするという直接効果が男子においてのみ示された。これは，男子の友人関係では休み時間に一緒にサッカーをするというように同一行動が重視されるため，裏切られ不安の強い生徒が所属する仲間集団では，仲間がいじめを行う時に同じ行動をとらずに制止するということが裏切り行為と認識され否定的に評価されるためだと考えられる。

第6章　総括的検討

I　研究成果の概要と今後の課題

　本書では，学級・仲間・個人の3つのレベルにおいて，いじめに否定的な集団規範が児童・生徒のいじめ加害傾向とどのように関連するのかを，集団規範の状態に影響を与える背景要因と共に検討した。本節では，第1章から第5章までの概要をまとめ，各研究の今後の課題について考察する。

第1章：いじめと集団規範

　第1章では，いじめの問題について先行研究を概観した上で，いじめを集団規範という社会心理学的観点から検討する意義について述べた。さらに，いじめと集団規範との関連を検討するためには，学級の集団規範，仲間の集団規範，個人の規範意識の3つの規範に注目する必要があることを論じ，それぞれの規範の形成に影響を与える要因に着目することで，学級集団，仲間集団，個人の各レベルにおいて先行要因→集団規範→いじめ加害傾向の順の「集団規範によるいじめ防止モデル」を提案するという本書の目的を説明した。

　いじめは，その被害を受けた児童・生徒に自殺企図や精神病，心身症，不登校，自信喪失など心身の発達に様々な悪影響を与えることが報告されている（坂西，1995；Beane, 1998；Rigby, 1998；立花，1990）。近年，学校現場でいじめが活性化する要因として，いじめ加害者といじめ被害者の周囲を取りまく児童・生徒の存在が注目されている（Atlas & Pepler, 1998；Gini, 2006；森田・清永，1986；Salmivalli, Lagerspetz, Björkqvist, Österman, & Kaukiainen 1996）。しかし，こうしたいじめのグループ・プロセスに対する実証的研究は少ない。集

団規範とは，成員の相互作用を通して形成されるものであり，一定の行動パターンにメンバーが同調するように作用する社会的圧力の基準となるものである。いじめに否定的な集団規範が存在すれば，いじめを行うことが周囲からの強い不評を招き，加害者がいじめを行うコストは極めて高くなる。したがって，いじめに否定的な集団規範はいじめを抑制する効果が期待できる。さらに，いじめに対する集団規範をいじめ防止対策として用いることが可能ならば，いじめ加害者を特定する必要がないため，いじめを未然に防ぐことができる。しかし，集団規範といじめとの関連を研究したものは少ない。本書で集団規範と児童・生徒のいじめ加害傾向との関連を，集団規範の様態に影響を与える背景要因と共に検討することで，学校現場でのいじめ防止に有効な知見を提供できると考えられる。

第2章：学級のいじめに対する集団規範といじめ加害傾向

　第2章では，集団規範といじめ加害傾向との関連を検討する第一歩として，いじめに否定的な学級の集団規範と，そこに所属する生徒のいじめ加害傾向との関連を検討した。いじめ否定学級規範の測定には，Jackson（1960, 1965）が提唱し，佐々木（1963, 2000）が拡充したリターン・ポテンシャル・モデルという集団規範の構造特性を測ることができる手法を用いた。

　中学校14学級を対象に質問紙調査を実施した結果から，①生徒のいじめ加害傾向が低い学級では生徒のいじめ加害傾向が高い学級よりも，いじめ否定学級規範が存在すること，②生徒のいじめ加害傾向が低い学級では生徒のいじめ加害傾向が高い学級よりも，学級規範の強度（生徒間圧力）が高いことが明らかになった。

　本研究によって，いじめに否定的な集団規範が高い学級では，生徒のいじめ加害傾向が低いことが示された。また，集団規範の構造特性では，虚構性（個人的不満度）には，いじめ加害傾向との関連がみられず，強度（生徒間圧力）はそれが高い学級では，児童・生徒のいじめ加害傾向が低いことが示された。すなわち，学級の集団規範を厳しく保ちいじめを防止するためには，個々の生徒がいじめを行うことに対して強く否定的な評価を下し，その評価を学級成員が互いに意識していることが重要であるといえる。

さらに本研究では，リターン・ポテンシャル・モデルによって，いじめに対する学級規範を測定することが，いじめが学級に存在する危険性を測るための手段として利用できる可能性が見いだされた。いじめは，教師の前で堂々と行われることは稀であり，日常的な観察による発見は容易ではない。担任教師にいじめの被害を訴える生徒は，中学生で被害者全体の3割前後しかいないという報告もある（森田ら，1999）。本研究の結果だけでは，いじめが生起しやすい学級規範の数量的基準を提供することはできないが，今後，多数の学級サンプルを対象に調査を実施し，学級規範といじめとの関連について本研究の結果を確認することで，ある程度のいじめの存在を学級規範によって予測することが可能になるかもしれない。

また，学級規範の強度（生徒間圧力）を左右する媒介要因として，学級の雰囲気などの影響を明らかにすることも，いじめの防止策を考える上で今後の重要な研究課題であるといえる。

第3章：学級のいじめに否定的な集団規範に影響を与える要因

第2章で，いじめに否定的な学級規範と生徒のいじめ加害傾向との関連が認められたため，第3章では，いじめに否定的な学級規範の形成に影響を及ぼす背景要因として，日常的な教師の指導態度を取り上げて検討を行った。また，日常的な教師の指導態度といじめに否定的な学級規範を媒介する変数として，いじめに対する罪悪感の予期を取り上げ，その影響についても検討した。

本研究では，小学校高学年生と中学生を対象に質問紙調査を行い，以下の4点が明らかになった。

①いじめに否定的な学級規範といじめへの罪悪感予期は，児童・生徒のいじめ加害傾向を抑制する。

②担任教師の受容的で親近感があり，自信をもった客観的な指導は，いじめに否定的な学級規範と児童・生徒のいじめへの罪悪感予期を高める。

③いじめに否定的な学級規範は，児童・生徒のいじめへの罪悪感予期を高める。

④不適切な権力の行使を用いた教師の指導態度は，児童・生徒のいじめ加害

傾向を促進する。

　本章では，日常的な教師の指導態度が，いじめに対する罪悪感の予期といじめに否定的な学級規範を媒介して，児童・生徒のいじめ加害傾向に影響を及ぼすことが明らかになったといえる。したがって，教師は児童・生徒が教師自身のコミュニケーション手法や対人態度を模倣する可能性があることを意識して教育活動を行う必要があるだろう。たとえば，教師は児童・生徒が反発を示した時に，罰を与えたり，力でそれを押さえつけたりするようないじめ加害傾向を促進するタイプの指導を控え，客観性と自信をもった態度を保ちながら共感的，受容的に児童・生徒が反発している理由に耳を傾けるなどの，いじめ加害傾向の抑制につながる指導を日常的に取り入れることが重要である。こうした教師の態度の積み重ねが，いじめに否定的な学級規範や児童・生徒のいじめへの罪悪感予期を高め，いじめの生起しにくい学級を作ることにつながると考えられる。また，第2章ではいじめに否定的な学級規範が高い学級では生徒のいじめ加害傾向が低いという関連のみが示されていたが，第3章では，いじめに否定的な学級規範が児童・生徒のいじめ加害傾向を抑制するという因果関係が確認されたことも重要である。

　今回の研究では児童・生徒の教師の日常的な指導態度と，いじめへの罪悪感予期がいじめに否定的な学級規範と児童・生徒のいじめ加害傾向に及ぼす影響について検討したが，ストレス，自己抑制，問題解決能力，集団目標なども，いじめに否定的な学級規範や児童・生徒のいじめ加害傾向に影響を与える可能性がある。これらの要因を含めて検討すれば，より効果的ないじめ防止についての知見を提供することができるだろう。また，本書では，質問紙法による個人の行動予測としてのいじめ加害傾向を扱っている。無記名での提出や，机間巡視を行わないなど，社会的望ましさの影響を取り除く努力は行っているが，結果の再確認をするためにも，今後は実際の行動傾向や過去のいじめ経験に関する指標を加えることを検討していきたい。

第4章：いじめの個人内生起メカニズム
　第4章では，いじめに否定的な集団規範といじめ加害傾向について個人レベ

ルでの検討を行うため，個人内のいじめ生起メカニズムとして，いじめに対する個人の規範意識といじめ加害傾向との関連およびその背景要因について検討した。具体的には「発達過程で身につけたある傾向（自己愛傾向）をもつ個人が，いじめを誘発するような対人刺激に反応し，その刺激を解釈，吟味（認知的共感性）することで生じた個人内の結果（情動的共感性）に，周囲の状況（いじめに否定的な仲間規範意識および学級規範意識）を判断材料として加えることで，いじめ行動が取捨選択される（関係性いじめ加害傾向・直接的いじめ加害傾向）」と仮定した。

中学生を対象とした質問紙調査を実施し，上記の因果モデルを検証した結果を下記に示す。

①関係性いじめに否定的な仲間規範意識は，関係性いじめ加害傾向を抑制する。
②直接的いじめに否定的な学級規範意識は，直接的いじめ加害傾向を抑制する。
③認知的共感性が低い生徒は，直接的いじめ加害傾向が高い。
④誇大的自己愛傾向が高い生徒は，関係性いじめに否定的な仲間規範意識と直接的いじめに否定的な学級規範意識を低く見積もる傾向がある。
⑤情動的共感性が低い生徒は，関係性いじめに否定的な仲間規範意識と直接的いじめに否定的な学級規範意識を低く見積もる傾向がある。

本研究の結果から，いじめに否定的な集団規範によって，いじめ加害傾向を抑制するためには，対象となる各児童・生徒の特性を理解し，必要に応じてトレーニングを行うなど，いじめに関する規範意識を高める上で基盤となる性格特性の向上を計ることが，いじめの防止により効果的に働くことが示唆された。

なお，他にも個人要因としては，社会的スキル，ストレス，自己抑制，問題解決能力などが，環境要因としては，友人集団のサイズ，集団目標などが，集団規範への意識やいじめ加害傾向に影響を与える要因として想定される。本研究で取り上げなかった要因を含めて，いじめに否定的な規範意識およびいじめ加害傾向との関連を検討することが今後の課題である。

第5章：仲間のいじめに対する集団規範に影響を与える要因

　第4章では，学級だけでなく仲間の集団規範がいじめに否定的であると認識している生徒についても，いじめの加害傾向が低いことが明らかになったため，第5章では，いじめに対する仲間の集団規範の様態に影響を及ぼす背景要因について検討した。仲間集団に所属する成員の「対人的な信念から形成された態度」が，いじめに対する仲間の集団規範に影響を及ぼすと仮定し，対人的な信念として学級享受感と裏切られ不安を，態度として仲間集団の排他性を取り上げ，男女別に検討を行った。

　中学生を対象に質問紙調査を実施した。その結果，明らかになったことを以下に示す。

　①男女共に排他性が高い仲間集団ほど，仲間のいじめを制止する行為を快く思わない仲間規範が存在する。
　②男女共に学級享受感が高い生徒が所属する仲間集団ほど，いじめに否定的な仲間規範が存在する。
　③男子では裏切られ不安が高い生徒が所属する仲間集団ほど，女子では学級享受感が低い生徒が所属する仲間集団ほど，仲間のいじめ行為を制止することを快く思わない仲間規範が存在する。

　本章によって，児童・生徒が充実した学級生活を楽しめるように，活躍する場を与えたり，部活動や委員会などの配属に配慮したりすることで学級享受感を高めること，授業中はあまり私的に交流のないメンバーで共同作業を行うなど，仲間集団の排他性を低くする工夫を行うことが仲間集団のいじめ否定的な集団規範を高め，仲間集団で生起するいじめを防止するために重要であることが明らかになった。

　なお，今回の研究では学校現場におけるいじめ調査の難しさや倫理的配慮から仲間集団を特定して仲間集団規範を測定せずに，生徒に自身の所属する仲間集団の規範について尋ねるという間接的な方法を取ったため，個々の生徒の認知的偏りを考慮できていない。実際の仲間集団の規範の状態とは多少のズレがある可能性を念頭において本研究の結果を解釈する必要がある。

Ⅱ 集団規範によるいじめ防止モデル

　第2章から第4章までで明らかになった知見を基に「集団規範によるいじめ防止モデル」を作成した（図14）。このモデルは，個人・仲間集団・学級集団の3つのレベルで，いじめに否定的な集団規範といじめ加害傾向との関連および集団規範に直接影響を与える要因について示したものである。

　本書において，いじめに否定的な集団規範は，学級集団レベルでも，仲間集団レベルでも，個人レベルの規範意識でも，いじめ加害傾向を抑制することが明らかになった。学校現場でいじめの予防をするためには，普段からこれらの集団規範をいじめに否定的な状態に保つ必要がある。また，既にいじめが発生している場合には，いじめ加害者が集団規範を意識できていないか，集団規範がいじめを許容している状態であると考えられるため，いじめ加害者に集団規範を意識させるような教育的介入を行うか，集団規範をいじめに否定的なものに改善する必要がある。具体的なアプローチには，次のようなものが考えられる。

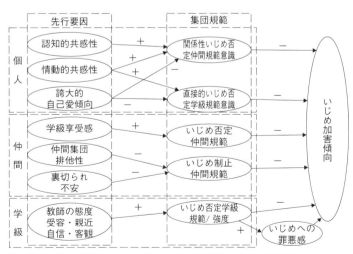

※＋はそれが高いほど高くなり，－はそれが高いほど低くなることを示している。
図14　集団規範によるいじめ防止モデル

1．いじめ加害者へのアプローチ
第4章：いじめの個人内生起メカニズムより
1） 健康的な自己愛の形成を促す

　自己愛は全ての人がもっているもので，自己像を肯定的で，一貫性，安定性のあるものとして維持する機能がある（Stolorow, 1975）。しかし，自己愛の高さが正常な域を超えると，「他者を自己の延長として，あるいは，自己の欲求を満たす手段としてしか認識しない」「自己の重要性に関する誇大な感覚」「特権意識，特別有利な取り計らい，または自分の期待に自動的に従うことを理由なく期待する」「対人関係で相手を不当に利用する」「自分自身の目的を達成するために他人を利用する」といった様々な傾向が障害として現れ（APA, 2000），対人的な問題を引き起こす原因となる。

　第4章では，自己愛傾向が高い者は，いじめに否定的な集団規範への意識が低いことが示された。このような児童・生徒がいじめ加害者である場合は，学級集団や仲間集団の規範をいじめに否定的な状態に維持できていたとしても，当人が規範というものに興味を示さない可能性がある。また，自己愛傾向が高いタイプのいじめ加害者が，いじめに否定的な集団規範が存在するなかでいじめを続けているのであれば，他の児童・生徒から否定的な評価を受け続けることとなり，いずれいじめ加害者が集団から孤立する危険もある。

　教師は，いじめの加害児童や加害生徒が自己愛傾向の高さが原因で，いじめに否定的な集団規範の影響を受けていないと判断した場合や，自己愛を満たすためにいじめを行っていると感じた場合には，スクール・カウンセラーなど心理療法家の支援を受け，児童・生徒が健康的な自己愛を形成できるように治療的な介入を行う必要があるだろう。

2） 認知的共感性・情動的共感性を高める

　第4章では認知的共感性と情動的共感性が低い児童・生徒は，いじめに否定的な集団規範への意識が低いことが明らかになった。集団規範は，学級内でみられる児童・生徒の行動に対する周囲の評価が積み重なるなかで学級全体の共通認識となる。そのため，認知的共感性が低く他者の気持ちや考えを理解しようとしなかったり，情動的共感性が低く他者の気持ちに寄り添えなかったりす

る感受性の低い児童・生徒の場合，いじめ行動に対する周囲の評価的態度を情報として上手く収集できないため，学級内の集団規範を正確に捉えることが難しい。認知的共感性が低い児童・生徒がいじめ加害者である際には，いじめ被害者が精神的・身体的苦痛を感じていることと，いじめを快く思わない児童・生徒が存在することへの「気づき」を与えることが重要である。また，日常的に他者の気持ちに関心をもつように指導することが必要になる。認知的共感性を高めることを目的に作られたスキルトレーニングの実施も効果的であろう。

なお，いじめ加害者が情動的共感性の低い児童・生徒である場合は，いじめ被害者の精神的苦痛を認知することができても，それによっていじめ加害者自身の気持ちが動じることがなく，いじめ被害者に苦痛を与えることを問題視していない可能性が考えられる。そのため，いじめ被害者の精神的苦痛や，いじめられている被害者を見て胸を痛めている他の児童・生徒の気持ちに対して，いじめ加害者も共感的反応を示すことができるようになる必要がある。たとえば，情動的共感性が児童・生徒の置かれている環境や状況（たとえば，家庭環境の問題）によって一時的に抑制されているのであれば，その問題を社会福祉的・心理療法的な介入によって解決する必要があり，情動的共感性の低さが器質的なものであるならば，情動共感性を向上させるようなトレーニングや，ロール・プレイなどの安全な方法で，いじめ被害者や周囲の生徒の立場を体験と共に考えさせることが有効であると考えられる。

2．仲間集団へのアプローチ
第5章：仲間のいじめに対する集団規範に影響を与える要因より
1）学級享受感を高める

第5章の結果から，学級生活が楽しめていない児童・生徒の仲間集団では，いじめに否定的な集団規範が低いという結果が得られた。これは，いじめ加害者は，不機嫌・怒りや無気力の高い者が多い（岡安・高山，2000）ということと関連がある。こうした日常的なストレスの原因を，スケープゴートとして児童・生徒が身近な他者に帰属することにより，自分たちのストレスの原因を作ったとみなした者への攻撃を許容する規範が仲間集団内で形成されてしまうのだと考えられる。教師は，全ての児童・生徒に活躍の機会を均等に提供するなど，

学校生活を楽しめるような工夫を行うと同時に，児童・生徒にSCなどによる心理教育の機会を設けることでストレスについての正しい知識を教授し，適切なストレス対処方略を身につけられるようサポートすることが重要である。たとえば，ストレス・マネージメントを教育の一環として取り入れることや，学校に存在する様々なストレッサーから身を守るために「自己学習スキル」「進路決定スキル」「集団活動スキル」「健康維持スキル」「同輩とのコミュニケーションスキル」などの学校生活スキル（飯田・石隈，2006）をトレーニングすることも有効であると考えられる。

2）仲間集団排他性を低下させる

先行研究では，排他性が高い仲間集団に所属している児童は，親しい友人をいじめた経験が多いことが明らかになっている（三島，2003）。本書でも，排他性が高い仲間集団では，仲間のいじめ加害の制止を肯定する集団規範が低いことが示された。これには，仲間集団の他に居場所が見いだせない児童・生徒の苦しい立場が反映されている。排他性の高い仲間集団では，仲間集団以外の児童・生徒と交流することが，仲間集団から否定的に評価される傾向がある。また，その仲間集団だけに提供されるような情報が行き来しており，たとえば，風邪などで数日間学校を休むとさっぱり仲間の話題についていけずに気まずい時間を過ごすことになる。さらに，常に仲間集団と共に行動していないと，仲間ではないと判断され，次回から誘ってもらえない可能性もある。こうした理由から，排他性の高い仲間集団に所属する児童・生徒は仲間と始終共に時を過ごすようになる。当然，仲間集団外成員との交流は必要最低限になり，学級内の他の児童・生徒は，ほとんど話をすることのないクラスメイトという存在になる。

毎日の学級生活を仲間集団に所属せずに，一人で過ごすのはとても辛い孤独である。大嶽・吉田（2007）は，中学生において，「無理にでも友だちをつくり，うまくかかわっていかなければならない」という対人関係のあり方に関する規範意識（ひとりぼっち回避規範）が存在することを明らかにしている。仲間の行為を制止することは，仲間集団から異端者として排除される危険が伴う。いじめは仲間内の力関係がそこに生々しく表現されるため，異議を主張すること

は強者への反抗であると認識される可能性が高い。すなわち，排他性が高い仲間集団に所属する児童・生徒は，仲間から排除されると学級内で孤立することになるため，仲間からの排除を恐れ，いじめを許容せざるを得ない状態にあると考えられる。

このような排他性の高い仲間集団を学級内で作らないようにするためには，仲間集団間の集団透過性を高めることが有効であると考えられる。集団透過性とは，ある集団の集団成員が所属集団以外の成員と関わりをもつような集団を仮定した上での集団境界の通過率を示す概念である（黒川，2006）。すなわち，学級に存在する仲間集団の集団透過性を測定することによって，日常生活の中で仲間集団のメンバーがどの程度，仲間集団以外のメンバーと交流しているのかを把握することができる。また，個々の仲間集団の集団透過性を高めることで，仲間集団にとらわれず，学級の中で自由に仲間集団以外の児童・生徒が交流できる環境ができるだろう。仲間集団の集団透過性を高めるには，教師が授業中の班活動や学校行事などを通して，普段は関わりの少ないクラスメイトとも親密な交流ができる機会を意識的に設けることが重要である。また，児童の視点取得能力を高めることも集団透過性を高めるために有効であることが明らかになっている（黒川，2006）。

3）裏切られ不安を緩和させる

第5章では，他者から裏切られることへの不安が高い児童・生徒の所属する仲間集団では，仲間のいじめ加害を制止することを肯定する集団規範が低いことが明らかになった。他者からの裏切りに強い不安をもつ児童・生徒が所属する仲間集団では，仲間と足並みを揃えることが尊重され，仲間の行動を制止することは仲間集団への裏切り行為だと捉えられる可能性がある。このような仲間集団では，いじめを制止することのコストが高くなり，保身のためにいじめを制止しない児童・生徒も存在するだろう。

児童・生徒の裏切られ不安を緩和するためには，学校行事やグループ活動の共同作業，道徳の時間などを利用して，人との信頼関係の大切さを教える必要がある。また，裏切られ不安には，家族関係や過去の対人関係の影響も考えられるため，いじめが発生した仲間集団に，対人的な不安が高い児童・生徒が存

在する場合には，その不安を適切に解消できるようにスクール・カウンセラー等によるカウンセリングを行うのも有効であると考えられる。

3．学級集団へのアプローチ
第3章：学級のいじめに対する集団規範に影響を与える要因の検討より
教師の態度

　第3章では，教師が日常的に児童・生徒に対して受容的で親近感があり，自信をもった客観的な態度を示すことが，いじめに否定的な学級規範を高める効果をもつことが明らかになった。固定的ないじめのある中学校学級で竹川（1993）が行った自由記述による調査の内容をみると，「いじめは悪いが，いじめられる方にも問題があると思う」「いじめは良いこととは思わない。でもいじめられる人にも何か悪いことがあると思う。いじめられる人はなぜいじめられるのかを考えれば良いと思う」「気に入らないことがたくさんあるので仕方ない」など，いじめ被害者に問題を見いだす意見や，「悪いと思うけどおもしろい時もある」「なぜいじめがあるか，それはいじめられる人がすぐ泣くからおもしろがってやるのではないかと思う」など，いじめの享楽性を取り上げた内容が散見される。前者は，制裁的いじめと呼ばれるもので，いじめ被害者には問題があるため，いじめられても仕方がないという考え方が基礎になっている。後者は，享楽的いじめと呼ばれるもので，いじめは面白いという考えが児童・生徒の基盤にある。教師の受容的で親近感があり，客観的で自信のある態度は，児童・生徒が上記のような考え方を身につけることを予防する効果があると考えられる。制裁的いじめの矛先となる児童・生徒は，確かに何か批判されるような行動をしたのかもしれないし，享楽的いじめを受ける児童・生徒は，攻撃を受けた時の対応が上手くないのかもしれない。しかし，そういった弱い立場に置かれた児童・生徒への接し方として，バカにしたりいじめたりという行動を選択してしまうのは社会的に問題がある。日頃から教師が，児童・生徒に受容的で親近感のある態度を自信や客観性と共に示し続けることで，弱い立場にある児童・生徒への接し方の手本を示すことができる。いじめを許さない学級（いじめに否定的な集団規範が高い学級）を作るためには，まず教師が弱者を保護し，適切に援助する姿勢をみせることが重要である。したがって，不

器用な子どもや失敗の多い子どもを，教師が他の児童・生徒と共にバカにして笑うようではいじめを防止するのは難しいといえる。

4．まとめ

　これまで，いじめに否定的な集団規範を改善するための個人・仲間集団・学級集団へのアプローチについて検討してきた。この他にも，集団討議法（Lewin，1953）を用いるなどの直接的な集団規範の改善方法も考えられるだろう。本書で紹介した学級規範の研究を基にしたいじめ防止プログラムも開発されている（中村・越川，2014）。

　なお，個人規範と仲間規範，学級規範は相互に影響を与えあっていることが予測される。たとえば，集団規範を認識する力の弱い児童・生徒の認識力を伸ばすことで，いじめに否定的な仲間の集団規範や学級の集団規範は変化するだろう。また，いじめに否定的な集団規範をもつ仲間集団が多い学級では，学級成員のほとんどがいじめを悪いものだと捉えていることになるため，いじめ否定学級規範も自然に高くなるだろう。そして，それと同様にいじめに否定的な学級規範が高い学級に所属する仲間集団も，仲間集団以外の学級成員の影響を無視することは難しく，学級内で仲間集団が適応するためには仲間の集団規範をいじめに否定的なものとする必要にせまられるだろう。

　本書でいじめに否定的な集団規範に影響を与えることが明らかになった個人要因についても，相互に影響を与えあうことが予測される。たとえば，児童・生徒の教師に対する受容・親近の認知は，学級雰囲気を構成する一要素である楽しさを上げる効果があることが先行研究で示されている（三島・宇野，2004）。そのため，これらの教師認知は同様の概念である学級享受感にもポジティブな影響を与えるであろう。また，認知的共感性や情動的共感性が高い児童・生徒ほど，日常場面で教師の様々な態度を敏感に察知するだろう。誇大的自己愛傾向が高い児童・生徒は，他者へのコントロール欲求が強いため，友人関係を自分の支配下におくために仲間集団の排他性を高めようとする可能性がある。このように，今後は様々な要因の相互関連についても検討する必要がある。

Ⅲ　集団規範によっていじめを防止する利点について

　集団規範に注目していじめを防止することの第一の利点は，集団規範が，リターン・ポテンシャル・モデル（Jackson, 1960, 1965；佐々木, 1963, 2000）を利用することによって，客観的な数値で分かりやすく図示できることにある（第2章参照）。これにより，教師は学級のいじめに関する集団規範の状態を質問紙調査により数値的データとして入手し，教育的介入の必要性をその数値を基準に判断することができる。また，教育的介入を行った後に，それが効果的であったのかを集団規範の改善度として確認することも可能である。このように集団規範は，いじめの予防・防止策の必要性や効果など様々な判断の基準が教師の主観に依存しているいじめの現場において，客観的な指標になり得るものである。

　第二の利点は，集団規範をいじめに否定的な状態に保つ努力を行うことによって，いじめの予防対策が行えることである。現在の学校現場では，いじめが生起した後に防止対策を講じるのが一般的であり，道徳教育の文脈で人権や思いやりについて教えることはあっても，直接的ないじめの予防対策はあまり行われていない。Rigby（2001）やNewman, Horne, & Bartolomucci（2000）は，学校や教師がいじめを許さないという方針を児童・生徒に明確に示すことが，いじめの予防に効果的であることを指摘しており，直接的な予防教育の必要性を示唆している。

　近年のいじめは手口が陰湿化し，教師のいない場所で行われることもある。また，物理的暴力を伴わない関係性いじめや，いじめ被害者のほうに非があると思わせる制裁的いじめなど，教師が発見することが困難ないじめの様態が問題視されている。集団規範を用いていじめを防止する第三の利点は，集団規範が児童・生徒によって構築され，広く共有される性質をもっているため，より多くの目によっていじめの有無を監督できるということである。

　第四の利点は，いじめに関する集団規範をいじめ防止対策に用いることで，児童・生徒がいじめを制止する可能性が高くなることである。いじめの被害経験をもつ児童・生徒は，強い対人恐怖心性を示し，その影響はいじめられた苦

痛が大きいほど長期にわたることが明らかになっている（石橋・若林・内藤・鹿野，1999）。集団規範の改善によって，いじめを防止するということは，教師から指導を受けていじめが解決するのではなく，多くの児童・生徒が現在生起しているいじめに否定的な評価を下すことで，いじめ被害者をいじめから守るという形をとることになる。仲間はずれ，無視，悪口，たたく・ける，嫌がらせをされるなどのいじめ被害を経験した生徒は，不機嫌や怒り，無気力の症状を示すが（岡安・高山，2000），これらの症状は，両親や教師，クラスの仲間のサポートによって軽減できることが先行研究で示されている（岡安・嶋田・坂野，1993）。集団規範によるいじめ防止対策は，いじめ被害者が他の児童・生徒にいじめから守られるというサポート享受体験をすることによって，他者に対する信頼感が回復し，対人不安などの後遺症を軽減する効果が期待できると考えられる。

引用文献

相澤直樹 (2002). 自己愛的人格における誇大特性と過敏特性 教育心理学研究, **50**, 215-224.
天貝由美子 (1995). 高校生の自我同一性に及ぼす信頼感の影響 教育心理学研究, **43**, 364-371.
American Psychiatric Association (2000). *Quick reference to the diagnostic criteria from DSM-IV-TR*. Washington, D.C.: Author. (高橋三郎・大野裕・染谷俊幸 (訳) (2002). DSM-IV-TR精神疾患の分類と診断の手引 医学書院)
Asch, S. E. (1951). Effect of group pressure upon the modification and distortion of judgements. In H. Guetzkow(Ed.), *Group, leadership and man.* Pittsburgh: Carnegiee Press. pp.177-190.
Atlas, R. S., & Pepler, D. J. (1998). Observations of bullying in the classroom. *Journal of Educational Research*, **92**, 86-99.
有光興記 (2001). 罪悪感, 羞恥心と性格特性の関係 性格心理学研究, **9**, 71-86.
有光興記 (2006). 罪悪感, 羞恥心と共感性の関係 心理学研究, **77**, 97-104.
朝倉隆司 (2004). 中学生におけるいじめに関わる役割行動と敵意的攻撃性, 共感性との関連性 学校保健研究, **46** (1), 67-84.
坂西友秀 (1995). いじめが被害者に及ぼす長期的な影響および被害者の自己認知と他の被害者認知の差 社会心理学研究, **11**, 105-115.
坂西友秀・岡本祐子 (2004). いじめ・いじめられる青少年の心―発達臨床心理学的考察― 北大路書房
Baron, R. A. (1971a). Aggression as a function of magnitude of victim's pain cues, level of prior anger arousal, and aggressor-victim similarity. *Journal of Personality and Social Psychology*, **18**, 48-54.
Baron, R. A. (1971b). Magnitude of victim's pain cues and level of prior arousal as determinants of adult aggressive behavior. *Journal of Personality and Social Psychology*, **17**, 236-243.
Baron, R. A. (1974). Aggression as a function of victim's pain cues, level of prior anger arousal, and exposure to an aggressive model. *Journal of Personality and Social Psychology*, **29**, 117-124.
Baumeister, R. F., & Boden, J. M. (1998). Agression and the self: High self-esteem, low self-control, and ego threat. In R. G. Green & E. Donnerstein (Eds.), *Human agression: Theories, research, and implications for social policy*. San Diego: Academic Press. pp.111-137.
Beane, A. (1998). The trauma of peer victimization. In T. W. Miller, (Ed.), *Children of trauma*. Madison, CT: International University Press.

Berndt, T. J. (1979). Developmental changes in conformity to peers and parents. *Developmental Psychology, 15*, 608-616.

Boulton, J. M. (2005). School peer counseling for bullying service as a source of social support: A study with secondary school pupils. *British Journal of Guidance & Counselling, 33*（4）, 485-494.

Cowie, H., & Olafsson, R. (2000). The role of peer support in helping the victims of bullying in a school with high levels of aggression. *School Psychology International, 21*, 79-95.

Crick, N. R. (1995). Relational aggression: The role of intent attributions, feeling of distress, and provocation type. *Development and Psychopathology, 7*, 313-322.

Crick, N. R., & Dodge, K. A. (1994). A review and reformation of social information-processing mechanisms in children's social adjustment. *Psychological Bulletin, 115*, 74-101.

Crick, N. R., & Grotpeter, J. K. (1996). Children's treatment by peers: Victims of relational and overt aggression. *Development and Psychopathology, 8*（2）, 367-380.

Davis, M. H. (1994). *Empathy: A social psychological approach.*（菊池章夫（訳）（1999）. 共感の社会心理学―人間関係の基礎― 川島書店）

Dodge, K. A. (1986). A Social information processing model of social competence in children. In M. Perlmutter (Ed.), *Cognitive perspectives on children's social and behavioral development: Minesota symposia on child psychology.* vol.18. pp.77-135.

Dodge, K. A., & Frame, C. L. (1982). Social cognitive biases and deficits in aggressive boys. *Child Development, 53*, 629-635.

Durkheim, E. (1893). *The division of labor in society.* New York: Free Press.

Eisenberg, N., & Miller, P. A. (1987). The relation of empathy to prosocial and related behaviors. *Psychological Bulletin, 101*, 91-119.

榎本淳子 (1999). 青年期における友人との活動と友人に対する感情の発達的変化 教育心理学研究, 47, 180-190.

Feshbach, N. (1969). Sex differences in children's modes of aggressive responses toward outsiders. *Merrill Palmer Quarterly, 15*, 249-258.

Feshbach, N., & Sones, G. (1971). Sex differences in adolescent reactions toward newcomers. *Developmental Psychology, 4*, 381-386.

藤原正光 (1976). 同調性の発達的変化に関する実験的研究―同調性におよぼす仲間・教師・母親からの集団圧力の効果― 心理学研究, 47（4）, 193-201.

古市裕一 (1991). 小中学生の学校ぎらい感情とその規定要因 カウンセリング研究, 24, 123-127.

古市裕一・玉木裕之 (1994). 学校生活の楽しさとその規定要因 岡山大学教育学部研究集録, 96, 105-113.

Gabbard, G. O. (1994). *Psychodynamic psychiatry in clinical practice: The DSM-IV edition.* Washington, D.C.: American Psychiatric Press.

Grotpeter, J. K., & Crick, N. R. (1996). Relational aggression, overt aggression, and friendship. *Child Development, 67*, 2328-2338.

Gini, G. (2006). Bullying as a social process: The role of group membership in students' perception of inter-group aggression at school. *Journal of School Psychology, 44*, 51-65.

Gurtman, M. B. (1992). Trust, distrust, and interpersonal problems: A circumplex analysis. *Journal of Personality and Social Psychology, 62*, 989-1002.

浜名外喜男・天根哲治・木山博文（1983）．教師の勢力資源とその影響度に関する教師と児童の認知　教育心理学研究, **3**, 35-43.

Hart, P. L., & Joubert, C. E. (1996). Narcissism and hostility. *Psychological Reports, 79*, 161-162.

Hartman, D. P. (1969). Influence of symbolically modeled instrumental aggression and pain cues on aggressive behavior. *Journal of Personality and Social Psychology, 11*, 280-288.

春木豊・岩下豊彦（編）（1975）．共感の心理学　東陽印刷

久崎孝浩（2005）．幼児の恥と罪悪感に関連する行動に及ぼす発達的要因の検討　心理学研究, **76**, 327-335.

Hoffman, M. L. (1998). Varieties of empathy-based guilt. In J. Bybee (Ed.), *Guilt and children*. San Diego Academic Press. pp. 91-112.

本間友巳（2003）．中学生におけるいじめの停止に関連する要因といじめ加害者への対応　教育心理学研究, **51**（4）, 390-400.

Hudley, C., & Graham, S. (1993). An attributional intervention to reduce peer-directed aggression among African-American boys. *Child Development, 64*, 124-138.

飯田順子・石隈利紀（2006）．中学生の学校生活スキルと学校ストレスとの関連　カウンセリング研究, **39**（2）, 132-142.

井上健治・戸田有一・中松雅利（1986）．いじめにおける役割　東京大学教育学部紀要, **26**, 89-106.

石橋佐枝子・若林慎一・内藤徹・鹿野輝三（1999）．大学生の過去のいじめ被害経験とその後遺症の研究―対人恐怖心性との関わり―　研究所紀要（金城学院大学）, **3**（1）, 11-19.

石川隆行・内山伊知郎（2002）．青年期の罪悪感と共感性および役割取得能力の関連　発達心理学研究, **13**, 12-19.

伊藤亜矢子（2007）．いじめの予防―いじめを生む学級風土とピア・サポート（特集　いじめと学校臨床）―臨床心理学, **7**（4）, 483-487.

Jackson, J. M. (1960). Structural characteristics of norms. In G. E. Jensen (Ed.), *Dynamics of instructional groups*. Chicago: University of Chicago Press.

Jackson, J. M. (1965). Structural characteristics of norms. In I. D. Steiner, & M. Fishbein (Eds.), *Current studies in social psychology*. New York: Holt, Rinehart & Winston.

児童生徒の問題行動に関する調査研究協力者会議（1996）．児童生徒のいじめ等に関するアンケート結果

Kalliopuska, M. (1992). Self-esteem and narcissism among the most and least empathetic Finnish baseball players. *Perceptual and Motor Skills*, **75**, 945-946.
神村栄一・向井隆代（1998）．学校のいじめに関する最近の研究動向―国内の実証的研究から―　カウンセリング研究，**31**，190-201.
加藤弘通（2003）．問題行動と生徒文化の関係についての研究―不良生徒及びまじめな生徒に対する生徒集団の評価が問題行動の発生に及ぼす影響について―　犯罪心理学研究，**41**，17-25.
加藤隆勝・高木秀明（1980）．青年期における情動的共感性の特質　筑波大学心理学研究，**2**，33-42.
小林英二・三輪壽二（2013）．いじめ研究の動向―定義といじめ対策の視点をめぐって―　茨城大学教育実践研究，**32**，163-174.
小嶋佳子・松田文子（1999）．中学生の暴力に対する欲求・規範意識，加害・被害経験，及び学校適応感　広島大学教育学部紀要（心理学），**48**，131-139.
國吉真弥（1997）．自己呈示行動としての非行（1）　犯罪心理学研究，**35**（2），1-13.
倉盛美穂子（1999）．児童の話し合い過程の分析―児童の主張性・認知的共感性が話し合いの内容・結果に与える影響―　教育心理学研究，**47**，121-130.
黒川雅幸（2006）．仲間集団外成員とのかかわりが級友適応へ及ぼす影響　カウンセリング研究，**39**，192-201.
Leadbeater, B. J., Boone, E. M., Sangster, N. A., & Mathieson, L. C. (2006). Sex differences in the personal costs and benefits of relational and physical aggression in high school. *Aggressive Behavior*, **32**, 409-419.
Lee, S. J. (2007). The relations between the student-teacher trust relationship and school success in the case of Korean middle schools. *Educational Study*, **33**（2），209-216.
Lewin, K. (1953). Studies in group decision. In D. Cartwright & A. Zander (Eds.), *Group dynamics: Research and theory*. Tavistock.
Lewis, H. B. (1971). *Shame and guilt in neurosis*. New York: International Universities Press.
Lewis, M. (1992). *Shame: The exposed self*. New York: Free Press.（高橋恵子（監訳）（1997）．恥の心理学　ミネルヴァ書房）
Lewis, M. (1999). The role of the self in cognition and emotion. In T. Dalgleish & M. Power (Eds.), *Handbook of cognition and emotion*. Chichester: John Wiley & Sons. pp.125-142.
Mancini, F., & Gangemi, A. (2004). The influence of responsibility and guilt on naive hypothesis-testing process. *Thinking and Reasoning*, **10**, 289-320.
Mancini, F., & Gangemi, A. (2006). The role of responsibility and fear of guilt in hypothesis-testing. *Journal of Behavior Therapy and Experimental Psychiatry*, **37**, 333-346.
松尾直博（2002）．学校における暴力・いじめ防止プログラムの動向―学校・学級単位での取り組み―　教育心理学研究，**50**，487-499.

Mehrabian, A., & Epstein, N. (1972). A measure of emotional empathy. *Journal of Personality*, 40, 525-543.
Miller, P. A., & Eisenberg, N. (1988). The relation of empathy to aggression and psychopathology. *Psychological Bulletin*, 103, 324-344.
三沢良・山口裕幸（2003）．集団規範の実効性に関する研究―出勤時刻に関する集団規範と実際の出勤行動傾向― 九州大学心理学研究，4，223-231．
三島浩路（1997）．対人関係能力の低下といじめ 名古屋大学教育学部紀要（心理学），44，3 - 9．
三島浩路（2003）．親しい友人間にみられる小学生の「いじめ」に関する研究 社会心理学研究，19，41-50．
三島美砂・宇野宏幸（2004）．学級雰囲気に及ぼす教師の影響力 教育心理学研究，52，414-425．
文部科学省（2013）．児童生徒の問題行動等生徒指導上の諸問題に関する調査
http://www.e-stat.go.jp/SG1/estat/List.do?bid=000001052834&cycode=0（2014年10月16日）
森田洋司・清永賢二（1986）．いじめ 教室の病 金子書房
森田洋司・滝充・秦政春・星野周弘・若井彌一（1999）．日本のいじめ―予防・対応に生かすデータ集― 金子書房
Moscovici, S., & Personnaz, B. (1980). Studies in social influence V: Minority influence and conversion behavior in a color perception task. *Journal of Experimental Social Psychology*, 16, 270-282.
中村玲子・越川房子（2014）．中学校におけるいじめ抑止を目的とした心理教育的プログラムの開発とその効果の検討 教育心理学研究，62，129-142．
中山留美子・中谷素之（2006）．青年期における自己愛の構造と発達的変化の検討 教育心理学研究，54，188-198．
内藤朝雄（2001）．いじめの社会理論―その生態学的秩序の生成と解体― 柏書房
Newman, D. A., Horne, A. M., & Bartolomucci, C. L. (2000). *Bully busters: A teacher's manual for helping bullies, victims, and bystanders*. Champaign, IL: Research Press.
西本裕輝（1998）．教師の資源と学級文化の関連性 社会心理学研究，13，191-202．
西村春夫（1991）．能動的非行少年のイメージ―非行理論における「ダメな少年」イメージの転換― 比較法制研究，14，81-125．
小保方晶子・無藤隆（2005）．親子関係・友人関係・セルフコントロールから検討した中学生の非行傾向行為の規定要因および抑止要因 発達心理学研究，16（3），286-299．
落合良行・佐藤有耕（1996）．青年期における友達とのつきあい方の発達的変化 教育心理学研究，44，55-65．
岡野憲一郎（1998）．恥と自己愛の精神分析 岩崎学術出版社
岡安孝弘・嶋田洋徳・坂野雄二（1993）．中学生におけるソーシャル・サポートの学校ストレス軽減効果 教育心理学研究，41，302-312．
岡安孝弘・高山巌（2000）．中学校におけるいじめ被害者および加害者の心理的ストレス

教育心理学研究, 48, 410-421.

大久保智生 (2005). 青年の学校への適応感とその規定要因—青年用適応感尺度の作成と学校別の検討— 教育心理学研究, 53, 307-319.

大西彩子 (2007). 中学校のいじめに対する学級規範が加害傾向に及ぼす効果 カウンセリング研究, 40 (3), 199-207.

大西彩子・吉田俊和 (2008). 中学校のいじめに否定的な仲間集団の規範について 応用心理学研究, 33 (2), 84-93.

大嶽さと子・吉田俊和 (2007).「ひとりぼっち回避規範」が中学生女子の対人関係に及ぼす影響—面接データに基づく女子グループの事例的考察 カウンセリング研究, 40 (3), 267-277.

小塩真司 (2002). 自己愛傾向によって青年を分類する試み—対人関係と適応, 友人によるイメージ評定からみた特徴— 教育心理学研究, 50, 261-270.

Rigby, K. (1998). The relationship between reported health and involvement in bully/victim problems among male and female secondary school children. *Journal of Health Psychology*, 3, 465-476.

Rigby, K. (2001). *Stop the bullying: A handbook for schools*. Melbourne, Australia: ACER Press.

Salmivalli, C., Lagerspetz, K., Björkqvist, K., Österman, K., & Kaukiainen, A. (1996). Bullying as a group process: Participant roles and their relations to social status within the group. *Aggressive Behaviour*, 22, 1-5.

酒井厚・菅原ますみ・眞榮城和美・菅原健介・北村俊則 (2002). 中学生の親および親友との信頼関係と学校適応 教育心理学研究, 50, 12-22.

佐々木薫(1963). 集団規範の研究—概念の展開と方法論的吟味— 教育・社会心理学研究, 4, 21-41.

佐々木薫 (1995). 出勤および遅刻に関する規範と集団の成績（2）—大学野球部の調査研究— 関西学院大学社会学部紀要, 73, 13-24.

佐々木薫 (1998). 集団規範の研究—理論化の試み— 関西大学社会学部紀要, 81, 51-60.

佐々木薫 (2000). 集団規範の実証的研究—拡充されたリターン・ポテンシャル・モデルの活用— 関西学院大学出版会

佐藤伸一 (1997). いじめ・いじめられ体験と非行 犯罪心理学研究, 35, 23-35.

柴橋裕子 (2001). 青年期の友人関係における自己表明と他者の表明を望む気持ち 発達心理学研究, 12 (2), 123-134.

Smith, P. K., & Brain, P. F. (2000). Bullying in schools: Lessons from two decades of research. *Aggressive Behavior*, 26 (1), 1-9.

Smith, P. K., & Steffgen, G. (2014). *Cyberbullying through the new media findings from an international network*. Psychology Press.

相馬俊彦・浦光博 (2007). 恋愛関係は関係外部からのソーシャル・サポート取得を抑制するか—サポート取得の排他性に及ぼす関係性の違いと一般的信頼感の影響— 社会心理学研究, 46 (1), 13-25.

Stolorow, R. D. (1975). Toward a functional definition of narcissism. *International Journal of Psycho-Analysis*, 56, 179-185.

杉田明宏・若松養亮・杉山弘子・菊地則行・片岡彰・菊地武剋・寺田晃（1989）．中学生のいじめに対する態度とその背景―対人関係からのアプローチ―　青年心理学研究　3，29-38.

Sutton, J., Smith, P. K., & Swettenham, J. (1999). Social cognition and bullying: Social inadequacy or skilled manipulation? *British Journal of Developmental Psychology*, 17, 435-450.

立花正一（1990）．「いじめられ体験」を契機に発祥した精神障害について　精神神経学雑誌，92，321-342.

田中輝美（2001）．中学生のいじめ同調傾向と教師の指導態度との関連　筑波大学学校教育論集，24，31-39.

高德忍（1999）．いじめ問題ハンドブック―分析・資料・年表―　柘植書房新社

竹川郁雄（1993）．いじめと不登校の社会学―集団状況と同一化意識―　法律文化社

竹村和久・高木修（1988）．"いじめ"現象に関わる心理的要因―逸脱者に対する否定的態度と多数派に対する同調傾性―　教育心理学研究，36，57-62.

Tangney, J. P. (1995). Shame and guilt in interpersonal relationships. In J. P. Tangney & K. W. Fischer (Eds.), *The self-conscious emotions: Shame, guilt, embarrassment, and pride.* New York: Guilford Press.

Tangney, J. P., Burggraf, S. A., & Wagner, P. E. (1995). Shame-proneness, guilt-proneness and psychological symptoms. In J. P. Tangney & K. W. Fisher (Eds.), *Self-conscious emotions: Shame, guilt, embarrassment, and pride.* New York: Guilford Press.

田﨑敏昭（1979）．児童・生徒による教師の勢力資源の認知　実験社会心理学研究，18，129-138.

内海しょか（2010）．中学生のネットいじめ，いじめられ体験：親の統制に対する子どもの認知，および関係性攻撃との関連　教育心理学研究，58，12-22.

卜部敬康・佐々木薫（1999）．授業中の私語に関する集団規範の調査研究―リターン・ポテンシャル・モデルの適用―　教育心理学研究，47，283-292.

Watson, P. J., Grisham, S. O., Trotter, M. V., & Biderman, M. D. (1984). Narcissism and empathy: Validity evidence for the narcissistic personality inventory. *Journal of Personality Assessment*, 48, 301-305.

Wink, P. (1991). Two faces of narcissism. *Journal of Personality and Social Psychology*, 61, 590-597.

山岸俊男（1998）．信頼の構造　東京大学出版会

Yoshiyama, N. (1991). A time series analysis of minority influence on majority in a group. *The Japanese Jounal of Experimental Social Psychology*, 30（3），243-248.

湯川進太郎（2003）．青年期における自己愛と攻撃性―現実への不適応と虚構への没入をふまえて―　犯罪心理学研究，41，27-36.

あとがき

　学校現場では，いじめが後を絶たず，いじめによる青少年の自殺が社会問題として大きく取り上げられています。にもかかわらず，実証的な知見に基づいたいじめへの対処方略は確立されていません。

　10年ほど前に，私が大学院の実習の一環で相談員として入った中学校にも，いじめがありました。そこでは，いじめの生起の確認から対応，解決したか否かの判断までのほとんど全てが数人の先生方の指導法に一任されていました。被害者から訴えがあれば学級担任の教師がいじめの加害者と被害者を呼んで話し合わせること，それは自分が小・中学生のころ，学級で生起した複数のいじめに対する教師の対応と同じでした。何かもっと，いじめを発見するための客観的な指標や科学的根拠に基づいた対応法があるべきではないかと強く感じました。そして，その指標や対応法を確立するための研究が不足しているのならば，自分がいじめの防止に役立つような研究をしようと決めました。

　しかし，いじめの実証的研究があまり進んでいない理由が，すぐに分かりました。調査協力校の確保が，本当に難しいのです。調査協力依頼を手に，各地の小学校，中学校，教育委員会を渡り歩きながら，毎回のように，いじめの研究はこれで最後にしようと思いました。そんな厳しい状況の中でも，調査にご理解とご協力を下さった小学校・中学校・教育委員会の先生方，児童・生徒のみなさまには，貴重なデータと共に次の研究への希望をいただきました。心より御礼を申し上げます。

　本書では，博士論文に大幅な改訂を加えて集団規範と児童・生徒のいじめ加害傾向との関連についての研究結果をまとめました。実際の学校現場で，これらの知見をいじめ防止策として活用するには，まだまだ実践的な研究を積み，その効果を検討していく必要があります。そういう意味では，未だ10年前の目標達成には遠く，役立つ研究というものの難しさを痛感しています。自分の研究が学校現場で役に立つようになったと思える日までは，いじめの研究を続け

ていこうと考えています。

　なお，本書の研究を進めることができたのは，博士後期課程から突然，名古屋大学大学院にやってきて研究を続けたいという私を受け入れて下さり，研究が順調に進められるように，常に温かい励ましと丁寧なご指導・ご助言を下さった名古屋大学大学院教育発達科学研究科の吉田俊和教授（現岐阜聖徳学園大学教授）のおかげです。深く感謝いたします。ゼミの方々にも，研究計画の段階から何度もご助言をいただき，大変お世話になりました。また，京都教育大学教育実践総合センターの本間友巳教授は修士論文で不器用にいじめの研究を始めた私を温かく応援して下さいました。最後に，ここまで私を見守り，支えてくれた両親，祖母，叔母と，いつも家事や育児を積極的にサポートしてくれる夫，笑顔で応援してくれる娘に感謝の意を表します。

資料1　学級規範の項目例―リターン・ポテンシャル用―

★友達が誰かをなぐったり，けったりしている時

友達が，毎日のようにクラスの誰かをなぐったり，けったりしています。
あなたがその友達にたいして，A～Eの行動をとったとしたらクラスの多くの人は，どのように思うでしょうか？
下の□の当てはまると思う箇所に○をつけて下さい。

あなたがもし…

行動
- A　まったく，一緒になぐったり，けったりしようとしなかったら（なぐる，けるへの参加率0%）
- B　ほとんど一緒になぐったり，けったりしようとしなかったら（なぐる，けるへの参加率25%）
- C　時々，一緒になぐったり，けったりしようとするなら（なぐる，けるへの参加率50%）
- D　かなり一緒になぐったり，けったりしようとするなら（なぐる，けるへの参加率75%）
- E　いつも，一緒になぐったり，けったりしようとするなら（なぐる，けるへの参加率100%）

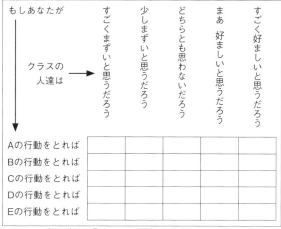

もしあなたが →　クラスの人達は	すごく好ましいと思うだろう	まあ　好ましいと思うだろう	どちらとも思わないだろう	少しまずいと思うだろう	すごくまずいと思うだろう
Aの行動をとれば					
Bの行動をとれば					
Cの行動をとれば					
Dの行動をとれば					
Eの行動をとれば					

※A～E，それぞれに○をつけて下さい。

資料2　いじめ加害傾向の項目例

いじめ加害傾向の項目例
享楽的いじめ Aが休み時間に遊び仲間のところへ行くと，遊び仲間の何人かが今日からBを仲間はずれにしようと言いました。Bを仲間はずれにしようとする遊び仲間の理由は，「仲間はずれにした時のBの反応がおもしろいから」です。 あなたがAなら，一緒にBを仲間はずれにすると思いますか？
罪悪感※ もしBを仲間はずれにしたら，あなたは罪悪感をもつと思いますか？
異質性排除いじめ では，遊び仲間がBを仲間はずれにしようとする理由が， 「Bは服装がみんなと違って変だから」というものだったら… この場合，あなたがAなら，一緒にBを仲間はずれにすると思いますか？
罪悪感※ もしBを仲間はずれにしたら，あなたは罪悪感をもつと思いますか？
制裁的いじめ では，遊び仲間がBを仲間はずれにしようとする理由が， 「Bがいつも自分勝手なので，こらしめたい」というものだったら… この場合，あなたがAなら，一緒にBを仲間はずれにすると思いますか？
罪悪感※ もしBを仲間はずれにしたら，あなたは罪悪感をもつと思いますか？

※罪悪感とは「悪いことをしたなとか，もうしわけないな」と思う気もちのことです。

人名索引

A
相澤直樹　51, 54, 63
天貝由美子　66, 69
天根哲治　34
有光興記　35
朝倉隆司　4
Asch, S. E.　13
Atlas, R. S.　12, 79

B
坂西友秀　4, 50, 79
Baron, R. A.　62, 63
Bartolimucci, C. L.　92
Baumeister, R. F.　50
Beane, A.　4, 79
Biderman, M. D.　50
Björkqvist, K.　12, 79
Boden, J. M.　50
Boone, E. M.　30
Boulton, J. M.　77
Brain, P. F.　19
Burggraf, S. A.　47
Berndt, T. J.　13

C
Cowie, H.　77
Crick, N. R.　5, 15, 49, 66, 76

D
Davis, M. H.　51, 55
Dodge, K. A.　15, 51, 62
Durkheim, E.　14

E
Eisenberg, N.　51, 62
榎本淳子　67, 77
Epistein, N.　55

F
Feshbach, N.　49
Frame, C. L.　51, 62
古市裕一　19, 69, 70

G
Gangemi, A.　35
Gabbard, G. O.　51
Gini, G.　12, 79
Graham, S.　51, 62
Grisham, S. O.　50
Grotpeter, J. K　5, 49, 66, 76
Gurtman, M. B.　75

H
浜名外喜男　34
Hart, P. L.　50
Hartman, D. P.　63
春木豊　64
秦政春　2
久崎孝浩　35
Hoffman, M. L.　35, 47
本間友巳　4
Horne, A. M.　92
星野周弘　3
Hudley, C.　51

I
飯田順子　88
井上健治　33
石橋佐枝子　93
石川隆行　35, 63
石隈利紀　88
伊藤亜矢子　77
岩下豊彦　64

J
Jackson, J. M.　22, 80, 92
Joubert, C. E.　50

K
Kalliopuska, M.　50
神村栄一　4
片岡彰　76
加藤弘通　11, 19
加藤隆勝　55
Kaukiainen, A.　12, 79
菊地則行　76
菊地武剋　76
北村俊則　67
木山博文　34
清永賢二　1, 12, 19, 79
小林英二　4, 5
小嶋佳子　66
越川房子　91
國吉真弥　11, 12
倉盛美穂子　55
黒川雅幸　89

L
Lagerspetz, K.　12, 79

Leadbeater, B. J.　30
Lee, S. J.　67
Lewin, K.　31, 91
Lewis, H. B.　35
Lewis, M.　35, 46

M

眞榮城和美　67
Mancini, F.　35
Mathieson, L. C.　30
松田文子　66
松尾直博　5
Mehrbian, A.　55
Miller, P. A.　51, 62
三沢良　19, 30
三島美砂　34, 38, 40, 45, 46, 91
三島浩路　66, 69, 72, 76, 88
三輪壽二　4, 5
森田洋司　1, 2, 5, 12, 19, 20, 65, 79, 81
Moscovici, S.　20
向井隆代　4
無藤隆　67

N

内藤朝雄　14, 19, 47, 62
内藤徹　93
中松雅利　33
中村玲子　91
中谷素之　63
中山留美子　63
Newman, D. A.　92
西本裕輝　45
西村春夫　11

O

小保方晶子　67
落合良行　5, 65
岡本祐子　50

岡野憲一郎　51
岡安孝弘　3 - 5, 76, 87, 93
大久保智生　19, 47, 62, 65, 75
Olafsson, R.　77
小塩真司　50
Osterman, K.　12, 79
大嶽さと子　88

P

Pepler, D. J.　12, 79
Personnaz, B.　20

R

Rigby, K.　4, 79, 92

S

酒井厚　67
坂野雄二　93
Salmivalli, C　12, 79
Sangster, N. A.　30
佐々木薫　12, 21, 22, 30, 52, 80, 92
佐藤伸一　66
佐藤有耕　5, 65
嶋田洋徳　93
鹿野輝三　93
Smith, P. K.　1, 19, 51
相馬俊彦　67
Sones, G.　49
柴橋裕子　67
Steffgen, G.　1
Stollow, R. D.　86
菅原ますみ　67
菅原健介　67
杉田明宏　76
杉山弘子　76
Sutton, J.　51
Swettenham, J.　51

T

立花正一　4, 79
高木修　5, 13, 75
高木秀明　55
高徳忍　35
高山巌　3 - 5, 76, 87, 93
竹川郁雄　90
竹村和久　5, 13, 75
滝充　2
玉木裕之　19, 69, 70
田中輝美　54
Tangney, J. P.　35, 47
田崎敏昭　34
寺田晃　76
戸田有一　33
Trotter, M. V.　50

U

内山伊治郎　35, 63
宇野宏幸　34, 38, 40, 45, 46, 91
卜部敬康　52
浦光博　67
内海しょか　1

W

Wagner, P. E.　47
若林慎一　93
若井彌一　3
若松養亮　76
Watson, P. J.　50
Wink, P.　51

Y

山岸俊男　67
山口裕幸　20, 30
吉田俊和　88
Yoshiyama, N.　20
湯川進太郎　50

事項索引

あ
IPS（Intrapsychic Interpersonal Spiral）モデル　14
異質性排除・享楽的いじめ　46
いじめ　1
　——加害傾向　24, 29, 38, 39, 55
　——加害者　4, 11
　——加害の動機　33
　——制止仲間規範　75
　——に対する学級規範　38
　——に否定的な学級規範　19, 23
　——に否定的な規範意識　54
　——に否定的な仲間集団の規範　68
　——の認知件数　2
　——被害者　4
　——否定規範　63
　　——意識　52
　——否定的学級規範　29
　——否定仲間規範　65, 75
　——防止対策　5
　——推進法　1, 3
逸脱行動　30
裏切られ不安　66, 69, 75, 89

か
学級規範　46, 81
　——意識　83
学級享受感　66, 69, 75, 87
学級集団　12, 52
学級の集団規範　13, 16
学級雰囲気　34
学校適応　67
　——感　65
学校文化　19
関係性いじめ（relational abuse）　4, 16, 49, 62
　——加害傾向　83
関係性攻撃　49
観衆者　12
間接的いじめ　66
教師認知　38, 45, 46
教師の影響力　34
教師の指導態度　81
教師の態度　90
教師への信頼感　67
強度（生徒間圧力）　23, 30
虚構性（個人的不満度）　24
許容範囲　23
グループ・プロセス　79
結晶度（生徒間一致度）　23
言語的いじめ　21, 29
言語的攻撃　49
攻撃行動　63

個人内結果　51
誇大的自己愛傾向　63

さ
罪悪感　35, 46, 81
　——への恐れ　35
　——予期　34, 36, 37, 45
最大リターンの点　23
自己愛　86
　——傾向　50, 54, 83
自己評価　35
私的見解　21
社会的圧力　65
社会的情報処理モデル　15
社会的勢力　34
集団圧力　13
集団規範　12, 62, 65, 79
　——によるいじめ防止モデル　17, 79, 85
　——の構造特性　22
集団透過性　89
集団討議法　31
状況要因　52
情動的共感性　51, 55, 62, 83, 86
身体的いじめ　21, 29
身体的攻撃　49
信頼感　66, 69, 75
信頼の「解き放ち」理論　67
スキルトレーニング　87
ストレス・マネジメント

　　　　88
性格特性　　4, 50
制裁的いじめ　　35, 46
是認―否認傾向　　24

た
対人情報の取得　　51
直接的いじめ（direct abuse）　　49, 62
　　――加害傾向　　83
敵意的バイアス　　49
適応感　　66
同調行動　　13, 75

な
仲間規範意識　　83
仲間集団　　52, 65
　　――排他性　　66, 69, 75, 88
仲間の集団規範　　83
認知的共感性　　51, 55, 62, 83, 86

は
ピアサポート　　77
非行　　11
ひとりぼっち回避規範　　88
物理的攻撃　　49
傍観者　　12

や
友人関係　　47, 49, 62, 66
予防教育　　92

ら
リターン・ポテンシャル・モデル　　22, 81
ロール・プレイ　　87

著者紹介
大西彩子（おおにし　あやこ）
甲南大学文学部人間科学科講師
博士（心理学）
主著に，『ゆがんだ認知が生み出す反社会的行動』（共編著，北大路書房，近刊）など。

いじめ加害者の心理学
学級でいじめが起こるメカニズムの研究

2015年2月20日　初版第1刷発行
2016年2月10日　初版第2刷発行

定価はカヴァーに表示してあります

著　者　大西　彩子
発行者　中西　健夫
発行所　株式会社ナカニシヤ出版
〒606-8161　京都市左京区一乗寺木ノ本町15番地
Telephone　075-723-0111
Facsimile　075-723-0095
Website　http://www.nakanishiya.co.jp/
Email　iihon-ippai@nakanishiya.co.jp
郵便振替　01030-0-13128

装幀＝白沢　正／印刷・製本＝西濃印刷㈱
Printed in Japan.
Copyright © 2015 by A. Onishi
ISBN978-4-7795-0934-6
本書のコピー，スキャン，デジタル化等の無断複製は著作権法上での例外を除き禁じられています。本書を代行業者等の第三者に依頼してスキャンやデジタル化することはたとえ個人や家庭内の利用であっても著作権法上認められておりません。